L'endettement international

Isaac NJIEMOUN MANCHOU

L'endettement international

Financement d'un développement inclusif à visage humain

Préface de Joseph Tsang Mang Kin

L'Harmattan

Du même auteur

1. Impact des industries manufacturières sur les économies en voie de développement : cas du Cameroun, Mémoire de Maîtrise en sciences économiques, Université de Yaoundé, 1976.

2. Enquête sur l'indice de la production industrielle, Note méthodologique de calcul, Direction de la statistique et de la comptabilité nationale, Yaoundé, Cameroun, 1977.

3. Typologie des entreprises de l'Institut de développement industriel (IDI), Rapport d'étude, IDI, 1978, Paris, France.

4. Les anticipations rationnelles dans les modèles macroéconomiques, mémoire de DEA Économétrie, Paris I Panthéon-Sorbonne, 1980.

5. Initiative d'allégement de la dette des pays pauvres très endettés (Initiative PPTE), Note technique, Ministère de l'Économie et des Finances, septembre 1998.

6. Évaluation du Centre de réhabilitation des victimes de la violence et de la torture (TRAUMA CENTER), Yaoundé, Cameroun, 2003.

7. Évaluation de la Chambre des artisans du Cameroun (CHART), Bafoussam, Cameroun, 2003.

8. Les objectifs de développement du millénaire (ODM) et le renforcement de la lutte contre la pauvreté au Cameroun, Atelier de formation des femmes leaders sur l'aspect genre, SIDA et pauvreté, Kribi, 13-15 décembre 2005.

9. Évaluation du Programme de promotion des initiatives locales (PIL), Douala, Cameroun, septembre 2006.

10. Bruce Murray, Patrick Downes, Henry Gaperi, Isaac Njiemoun, (2009), Final Report of the Independent Evaluation of the African Technical Assistance Centers (AFRITACs), International monetary Fund.

11. Pr. Dorothy Ndjeuma, Adorgloh Koffi, Isaac Njiemoun et autres, (2009), NEPAD (équipe d'évaluation par les pairs), Mécanisme africain d'évaluation par les pairs (MAEP), Rapport d'évaluation de la République du Mali.

12. L'Afrique est capable de relever le défi de son développement, à condition de le vouloir véritablement, (2011), in Repenser le développement à partir de l'Afrique, ouvrage collectif sous la direction du Pr. Jean-Emmanuel Pondi, Éditions Afrédit, mai 2011.

5-7, rue de l'École-Polytechnique, 75005 Paris
http://www.editions-harmattan.fr
ISBN : 978-2-343-11303-6
EAN : 9782343113036

Remerciements

Par la grâce de Dieu, ce livre a pu voir le jour. Que Dieu soit loué, pour cette capacité dont il m'a doté ; ainsi ai-je pu conduire à terme ce projet qui me tenait à cœur depuis quelques années. Après avoir consacré plus de trente ans de ma vie au service de l'État du Cameroun, dont près de vingt dans la gestion de la dette publique[1], je me devais de laisser une référence écrite à la postérité, comme modeste contribution au nécessaire partage de l'expérience accumulée. Je remercie infiniment l'honorable Joseph Tsang Mang Kin, qui malgré ses innombrables occupations au sein du NEPAD entre autres, a bien voulu en être le préfacier.

Par ce livre, je rends aussi hommage à mes parents, Nsangou Manchou Abraham et Manfon Rose : après avoir mis mes pieds à l'étrier, ils sont partis assez tôt, sans avoir vraiment eu le temps de savourer le fruit de leurs efforts. Je revois encore ma mère prendre sa petite boîte métallique lui tenant lieu de porte-monnaie, l'ouvrir avec délicatesse, pour en sortir toutes ses économies en vue de financer mes études ; je revois mon père vider sa poche de tout son capital, produit de vente du vin de raphia récolté la veille, pour compléter les efforts de ma mère. Cette réalité, ajoutée à l'éducation reçue de mes parents, m'interpellait fortement : c'est dès l'école primaire que j'ai commencé à me battre pour contribuer au financement de mes études. Dieu m'a permis de témoigner autant que possible, ma reconnaissance à tous ceux qui, de

[1] Premier Directeur de la dette publique au ministère en charge des finances ; premier Directeur général de la caisse autonome d'amortissement du Cameroun (CAA) dont il a participé activement aux études de création et de démarrage des activités.

quelque manière, m'ont tenu la main sur le chemin de l'école et de la vie : ils se reconnaîtront ici, je les remercie de tout cœur ; mes efforts inlassables pour le développement de mes localités d'enfance, voire au-delà, participent de ma sincère gratitude. Dans ces efforts, j'ai largement bénéficié des apports de mes amis, les frères Patrick et Jacques notamment, qui m'ont fait vivre dans la pratique la signification concrète du nom[2] de ma grand-mère maternelle. Patrick m'a beaucoup encouragé dans la rédaction de ce livre, particulièrement au moment où ma famille et moi avons eu à affronter des épreuves dignes de contes de fées. C'est grâce à lui que j'ai pu construire l'école de MENKEFU, pour l'éducation de la future élite du quartier de ce nom et ses environs.

Je remercie mes sœurs, mon épouse et mes enfants, pour leur assistance, leurs prières et leur compréhension. Mes nombreux voyages professionnels, notamment pour les contacts techniques et stratégiques auprès des bailleurs de fonds et les négociations de la dette du Cameroun, ont contribué à renforcer la pertinence et la qualité de nos visions.

Certes ce travail, dont j'assume totalement la responsabilité, est le produit de mes recherches. Mais il est aussi celui des échanges fructueux que j'ai pu avoir avec mes nombreux collaborateurs, collègues et amis tout au long de ma carrière. Il est par ailleurs tributaire de mes contacts avec mes étudiants de l'institut des relations internationales du Cameroun (IRIC), de l'université de Yaoundé I et de l'institut sous-régional de statistique et d'économie appliquée (ISSEA) de Yaoundé. Que tous trouvent ici l'expression de mes remerciements.

Très modestement, j'ai voulu par ce livre, apporter ma contribution à la meilleure compréhension possible de

---

[2] Sunshètfit : nom signifiant « l'amitié surpasse la fratrie ».

l'endettement, en le situant dans son rôle, sous la double responsabilité des créanciers et des débiteurs. Ma grande satisfaction aura été d'y avoir réussi, en suscitant au passage des critiques constructives, dans la permanente quête commune de l'excellence.

Isaac NJIEMOUN[3]

[3] Mon entrée au gouvernement du Cameroun le 1er septembre 1999 m'a valu de la part de ma communauté de naissance un titre traditionnel de noblesse qui s'est ajouté au nom de mon père, que je porte en tant qu'héritier : d'où désormais mon nom complet Isaac NJIEMOUN Nji MANCHOU.

Préface

Le développement est au centre des préoccupations de tout gouvernement. Les populations en font à juste titre un critère d'appréciation de l'action des dirigeants du pays. Bien souvent, la volonté ne fait pas défaut à ces décideurs : « ils ont la course dans les jambes, mais les sillons sont nombreux »[4]. Et l'un des obstacles majeurs, c'est bien le « nerf de la guerre », c'est-à-dire l'argent, en d'autres termes les financements appropriés pour les différents projets de développement, qui manque. Ainsi se trouve justifié, l'important sujet que nous présente avec clarté, précision et cohérence, Isaac NJIEMOUN MANCHOU dans ce livre *L'endettement international, Financement d'un développement inclusif à visage humain.*

Nous réalisons déjà à partir du titre qu'il s'agit pour l'auteur de mettre l'accent sur la dette extérieure, dont les pays en développement ont tant besoin pour pallier à l'insuffisance de l'épargne nationale, affectée à l'investissement productif. Par définition, « La dette extérieure brute est égale au montant, à une date donnée, des engagements contractuels en cours et ayant donné lieu à versement des résidents d'un pays vis-à-vis des non-résidents comportant obligation de remboursement du principal avec ou sans paiement d'intérêts, ou de paiement d'intérêts avec ou sans remboursement du principal »[5]. Une question vient tout de suite à l'esprit : suffit-il à un pays en développement de disposer de financements extérieurs requis pour assurer son développement ? Non, évidemment ! Car une chose est

[4] Proverbe africain signifiant que l'on a la bonne volonté, mais il faut surmonter de nombreux obstacles pour réussir.

[5] Définition « centrale », premier rapport de IWGEDS (International Working Group on External Debt Statistics), Groupe de travail international sur les statistiques de la dette extérieure, 1988.

d'accéder aux apports financiers extérieurs, une autre chose totalement différente est que ces financements soient de bonne qualité et qu'ils soient bien gérés. Par bonne qualité, il faut comprendre que tout prêt doit comporter des caractéristiques compatibles avec la nature du projet auquel il est destiné : un prêt à court terme ne saurait financer un projet de long terme ; ce prêt ne saurait non plus exiger un taux d'intérêt élevé sans rapport avec le taux de rentabilité interne du projet. Il va sans dire aussi qu'avant le lancement du projet, son financement doit être bouclé, pour éviter tout risque de fabrication d'un « éléphant blanc »[6]. Et c'est ici qu'avec doigté, l'auteur explicite la nécessaire complémentarité des responsabilités respectives des créanciers et des débiteurs. Autrement dit, il est mis en exergue cette nécessaire complémentarité des actions entre les pays industrialisés (pays du Nord) et les pays en développement (pays du Sud).

Toute la chaîne des activités allant de l'évaluation des projets et des besoins au remboursement intégral des prêts accordés, en passant par les négociations, la mobilisation des financements et la réalisation des objectifs, doit être maîtrisée par les deux principaux groupes d'acteurs que sont les créanciers et les débiteurs. Il doit en résulter la croissance, dont la meilleure allocation devra induire le développement, en faveur de toutes les couches de la population. Sur le chemin de la chaîne, il peut surgir une crise d'endettement : l'histoire des cycles économiques, notamment depuis 1982, année de déclenchement de la crise de la dette du fait de la défaillance du Mexique, enseigne que le Nord et le Sud ont pu, au prix de beaucoup de réflexions et de sacrifices, recoller les morceaux. Tout y est passé : réformes de grande ampleur, annulations de dettes, rééchelonnements, conversions de dettes, initiative pays pauvres très endettés (PPTE),…

---

[6] Eléphant blanc : grand projet en général d'initiative publique, mais qui s'avère plus coûteux que bénéfique, devenant plutôt un fardeau financier sur le plan de l'exploitation ou de l'entretien.

Un quart de siècle plus tard, en 2007, au moment où la communauté financière internationale commence à sortir la tête de l'eau, éclate le phénomène des subprimes, dont les économies, qu'elles soient du Nord ou du Sud, ont bien souffert. Grâce aux efforts de tous, les conséquences négatives des subprimes s'estompent progressivement, mais la croissance est loin d'être acquise, les performances économiques étant différentes selon les spécificités propres de chaque pays. L'interdépendance responsable et la mondialisation des économies nous interpellent tous : à cette nécessaire complémentarité dans les efforts d'ajustement, vient se greffer l'autre nécessité hautement importante, celle du renforcement de la crédibilité individuelle et collective à l'échelle nationale et internationale. Comme cela transparaît dans l'analyse de la problématique de l'endettement international, ajustement partagé doit rimer avec gouvernance stratégique et éthique. C'est à cette condition si noble et si interpellatrice, que seront atteints les objectifs de développement au profit de tous.

L'endettement international saura alors pleinement jouer son rôle de vecteur du développement durable et à visage humain.

Joseph TSANG MANG KIN

Member of Eminent Panel of the African Peer Review Mechanism – APRM, AU ; Lead Panelist for Djibouti, Chad, Togo, Egypt and Angola ; Smart Partner Companion, Commonwealth Partnership for Technology Management – CPTM, London ; Consultant/GuWen, China Overseas Exchanges Association, Beijing ; Chairman, Chinese Diaspora and Heritage ; Chairman, Association for African Agenda 2063-AA63 ; Former Minister of Arts & Culture of the Republic of Mauritius.

Introduction

Depuis de nombreuses années, et ce de manière cyclique, la dette des pays en développement est présentée comme un obstacle majeur à tout effort de développement. En effet, lorsque le service de la dette extérieure d'un pays, c'est-à-dire capital échu et intérêts dus absorbe plus de 30% de ses exportations, ou quand le stock de la dette correspondant au total potentiellement dû, représente près du triple de ses exportations annuelles, l'endettement international devient pour ce pays plutôt un problème de développement, alors qu'il devrait en être une solution. Face à cette évolution, la communauté financière internationale se doit d'innover chaque jour, d'où des initiatives et formules conçues et appliquées à l'endettement extérieur, soit pour trouver des types de financement plus appropriés, soit pour résoudre le problème de surendettement (annulations, rééchelonnements, restructurations) : la combinaison de toutes les démarches doit aboutir à une situation de « soutenabilité » de la dette du pays concerné, l'objectif visé étant le retour sur le chemin de la croissance économique. À l'observation, chaque pays est en réalité un cas spécifique, même s'il existe des similitudes dans la conception et le redéploiement des initiatives. Pendant que la plupart des solutions proposées mettent l'accent sur l'allégement du fardeau de la dette avec pour finalité le retour du pays débiteur sur le sentier du développement, des voix altermondialistes pour la plupart s'élèvent pour crier au scandale, estimant que cette dette a même été déjà remboursée deux voire trois fois par rapport au montant initial emprunté. Pour ces altermondialistes, la solution de la crise de la dette devient facile, consistant en une annulation pure et simple des sommes aujourd'hui réclamées par les créanciers ; cette annulation devrait même être assortie de paiement d'un « ticket de sortie », sorte d'indemnisation à cause de cet engrenage dans lequel créanciers et débiteurs se retrouvent embourbés, les seconds faisant figure de victimes des premiers. D'autres spécialistes de la finance internationale s'insurgent contre cette vue « simpliste » en invoquant les « risques de sélection adverse, de hasard moral et de substitution de financements » du fait d'une asymétrie d'information qu'elle génèrerait entre bons et mauvais gestionnaires des économies en développement. Or le développement est un processus recherché et entretenu inlassablement par chaque gouvernement digne de ce nom. Et ce processus nécessite des financements, qu'ils soient intérieurs ou extérieurs. Le niveau évidemment faible de l'épargne intérieure des pays en développement, en comparaison avec le niveau des besoins immenses des populations, renvoie nécessairement à la recherche des financements complémentaires ; pour véritablement amorcer le développement et en maintenir le rythme, un niveau minimum de taux de croissance est requis, l'idéal pour un pays en développement étant un taux de croissance à deux chiffres, plus apte à impulser le développement ; ceci devrait favoriser l'application d'une politique de répartition des richesses ainsi créées, fondée sur des critères de justice sociale, d'équité et de mérite. Alors se pose la question suivante : peut-on se passer des ressources extérieures dans le financement du développement ? Cette question sera une sorte de fil conducteur tout au long de ce livre, qui se propose d'en fournir des éléments de réponse, assortie d'une ouverture sur une approche plus appropriée de la coopération financière internationale. Dans la première partie, après avoir rappelé l'essentiel de ce qu'il faut entendre par développement, nous nous intéresserons à la balance des paiements qui constitue un instrument par excellence pour retracer les relations entre une économie donnée et le reste du monde ; la deuxième partie sera consacrée à la croissance ainsi qu'à son financement, ce qui induira l'examen des aspects pertinents de l'endettement international. La troisième partie de ce livre portera sur la gestion de la dette, elle permettra d'examiner les aspects liés à la structure ainsi qu'à la définition d'une méthodologie appropriée de gestion de la dette dans ses composantes extérieure et intérieure ; les points relatifs à la mobilisation de l'épargne intérieure seront rappelés, pour attirer l'attention sur la pertinence des approches novatrices de financement du développement, avec une ouverture sur la coopération sous-régionale et continentale. Les quatrième et cinquième parties seront consacrées respectivement aux stratégies de gestion de la dette, ainsi qu'aux politiques d'endettement. La sixième partie traitera des perspectives et de la gouvernance.

Première partie

Le développement et ses enjeux

Chapitre 1

Le développement économique et social

Toute politique dans un pays, qu'il soit développé ou en voie de l'être, a pour finalité le développement des différents secteurs, de manière à asseoir un environnement de meilleures conditions de vie ; globalement, on recherche le développement économique, social et culturel. Nous aborderons ces aspects de manière regroupée, dans ce chapitre 1, en intégrant le culturel dans le social.

Pour une communauté humaine, le terme développement fait penser à la transformation de la société concernée, dans le sens positif, c'est-à-dire vers un progrès global. Ce progrès est ainsi qualifié lorsqu'il porte sur les divers aspects de la vie de la communauté : sur le plan économique, les volets interpellés sont la croissance, l'industrialisation, le revenu (salarisation) et le relèvement du niveau de vie. Les aspects sociaux et démographiques concernent l'urbanisation, la maîtrise de la population, l'amélioration du niveau d'éducation et les politiques de santé. Ce dernier aspect est devenu aujourd'hui porteur d'un défi majeur, du fait de la pandémie du VIH/SIDA. Les aspects politiques et culturels interpellent la langue, la démocratie, la communication sous toutes ses formes. Le terme développement ainsi décrit s'applique de nos jours principalement à des pays dits « en voie de développement ». Sur la base des tranches de revenu[7]

---

[7] GNI per capita calculated using the World Bank Atlas method ; pour 2016 : pays à faible revenu (GNI per capita ≤ \$1 045) ; pays à revenu intermédiaire (\$1 045 <GNI per capita< \$12 736) ; pays développés (GNI per capita ≥ \$12 736)

par tête d'habitant exprimé en dollars des États-Unis d'Amérique, la Banque mondiale procède à une classification des pays du monde. Elle y parvient en prenant pour critère le revenu national brut par tête d'habitant. En 2003 par exemple, elle considère comme pays à faible revenu ceux dont le revenu national brut par tête est inférieur à 745 $; les pays à revenu intermédiaire sont ceux dont ce revenu est compris entre 746 $ et 9 205 $; par contre au-dessus de 9 205 $ par tête, il s'agit de pays développés.

La principale critique que l'on peut faire à l'utilisation de ce critère est celle qu'on fait habituellement sur la moyenne dans l'analyse d'une population donnée. En effet, le revenu par tête est une moyenne statistique, qui ne tient pas compte de la manière dont le revenu national est réparti ; il s'agit donc en réalité d'un critère qui porte sur la croissance et non sur le développement : c'est pourquoi il est impératif de prendre en compte l'aspect lié à la répartition du revenu afin de donner davantage de signification au critère revenu par tête.

1.1. Le développement est un processus

Le développement n'est pas un phénomène spontané, mais plutôt un processus qui demande du temps pour se mettre en place. Cette idée se trouve bien illustrée dans l'expression « en voie de développement », terme employé pour la première fois par le président des États-Unis d'Amérique Harry Truman en 1949 ; ce fut à l'endroit soit des pays depuis longtemps indépendants, mais engagés dans des transformations rapides comme en Amérique latine, soit de ceux récemment indépendants comme l'Inde et l'Indonésie. C'est plus tard que cette appellation a été étendue à tous les pays décolonisés. En effet, l'idée de développement vise à intégrer deux aspects différents : le premier aspect porte sur la perspective d'une croissance économique accélérée, d'un rattrapage, d'où des problèmes de financement, d'allocation de ressources et de formation de la main-d'œuvre, ce qui induit un besoin permanent de renforcement des capacités en vue d'une productivité accrue ; il se pose également le problème du rôle de l'État dans l'organisation de ce processus, c'est-à-dire la définition et la mise en œuvre des politiques appropriées, notamment par rapport au développement urbain et à la mise en place des infrastructures. Le deuxième aspect attaché au développement concerne le processus de « modernisation » : celui-ci a bien souvent pour conséquence la destruction des solidarités communautaires, de nombreuses langues et de traditions ; il porte aussi sur la généralisation de l'éducation, au moins primaire, des vaccinations ou de la forte réduction de la fécondité, par le biais du planning familial.

Plusieurs théories de développement ont existé, ce qui a donné lieu à une succession de stratégies de développement. Dans les années 1960 et 1970, la première stratégie dominante invitait notamment chaque pays du Sud à tourner le dos, ne serait-ce que momentanément, à l'économie mondiale afin de maîtriser le processus de développement. Cette stratégie dénonçait le phénomène d'« extraversion », c'est-à-dire la soumission aux besoins des pays du Nord des économies du Tiers-Monde, l'échange inégal, le pillage des ressources naturelles, les guerres et les coups d'Etat, souvent menés ou commandités par les pays du « Centre ».

1.2. Le développement est multidimensionnel

Toute politique de développement recherche l'amélioration des conditions de vie des différents groupes de la population. Des projets et programmes sont notamment mis en œuvre pour l'assainissement du cadre de vie, la viabilisation des quartiers spontanés et la lutte contre l'insécurité ; ils vont également protéger des populations cibles contre le trafic et la consommation de la drogue et autres stupéfiants, des comportements déviants tels que les vagabondages des enfants de la rue et autres déséquilibrés mentaux ; afin de renforcer le développement participatif, il devient utile de procéder à l'identification et à la mise en œuvre des programmes pilotes communautaires, qui doivent s'accompagner de la dynamisation des comités de développement en zone rurale ; un accent spécifique doit être également mis sur la promotion des activités génératrices de revenus ainsi que des projets à haute intensité de main-d'œuvre dans le domaine des infrastructures ; des initiatives bien étudiées relatives à la création ainsi qu'à la gestion des activités de micro finance doivent être encouragées.

Comme nous l'avons relevé plus haut, le développement a besoin d'être mesuré, ce qui requiert une stratégie bien définie assortie d'objectifs précis. Tous les facteurs ici relevés vont contribuer à l'amélioration des indicateurs de développement, notamment l'indicateur de développement humain (IDH) et l'indicateur de pauvreté humaine (IPH). L'IDH a été développé en 1990 par l'économiste pakistanais Mahbub ul Haq et l'économiste indien Amartya Sen (prix Nobel d'économie 1998) ; bien qu'il fasse pourtant intervenir santé et longévité, savoir ou niveau d'éducation, niveau de vie, cet indice n'est pas exempt de critique : tant du point de vue du PNUD[8] que de Amartya Sen, le développement est plus un processus d'élargissement du choix des populations qu'une simple augmentation du revenu national ; Amartya Sen ira même plus loin dans sa vision en définissant le développement comme un processus d'expansion des libertés, ce qui fait de la non-prise en compte de ces libertés dans l'IDH un défaut important. Pour mieux illustrer la nécessité d'évaluer le niveau de développement, nous allons présenter de manière succincte, les objectifs de développement du millénaire élaborés par les Nations Unies. Les Nations Unies ont défini au total huit objectifs de

[8] PNUD : Programme des nations unies pour le développement

développement du Millénaire (ODM) devant être réalisés à l'horizon 2015 : éliminer l'extrême pauvreté et la faim ; assurer une éducation primaire pour tous ; promouvoir l'égalité des sexes et l'autonomisation des femmes ; réduire la mortalité des enfants de moins de 5 ans ; améliorer la santé maternelle ; combattre le VIH/SIDA, le paludisme, la tuberculose et d'autres maladies ; assurer un environnement durable ; mettre en place un partenariat mondial pour le développement.

1.2.1. Objectif 1 : éliminer l'extrême pauvreté et la faim

Il y a pauvreté pour une communauté humaine donnée, lorsque celle-ci fait face à une insuffisance frappante de revenus, de sorte qu'elle ne soit pas capable de donner satisfaction à un certain nombre de besoins élémentaires. La pauvreté est une notion relative, car tout dépend de ce que la communauté concernée entend par pauvreté. Au cours des enquêtes sur la pauvreté dans un pays en développement dans les années 1980, des personnes interrogées ont défini la pauvreté comme étant leur incapacité à envoyer leurs enfants à l'école ; pour un chef traditionnel, il y a pauvreté lorsque l'effectif de ses sujets est en deçà d'un niveau souhaité ! Afin de pouvoir procéder à des comparaisons internationales, des indicateurs ont été définis.

En dehors des aspects monétaires, l'évaluation de la pauvreté doit prendre en compte des éléments tels que l'espérance de vie et le niveau d'instruction.

1.2.2. Objectif 2 : assurer une éducation primaire pour tous

Le moteur du développement étant la ressource humaine, celle-ci nécessite une formation adéquate, dès le bas âge ; il faut donc donner à tout enfant garçon ou fille, la possibilité de suivre et d'achever le cycle complet de l'éducation primaire, afin d'acquérir les bases de lecture et de calcul nécessaires pour une meilleure contribution au développement. Les Nations Unies préconisent que pour chaque pays, cet objectif soit réalisé à 100%, à l'horizon 2015.

1.2.3. Objectif 3 : promouvoir l'égalité des sexes et l'autonomisation des femmes

Il ne doit exister aucune discrimination entre homme et femme : pour y parvenir, la promotion de l'égalité entre les sexes implique l'élimination à tous les niveaux, des disparités relevées dans tous les domaines. Ces disparités ont souvent été rencontrées dans l'éducation et l'emploi. La cible visée par cet objectif consiste à éliminer les disparités entre les sexes dans les enseignements primaires et secondaires en 2005, et à tous les niveaux de l'enseignement en 2015 au plus tard.

1.2.4. Objectif 4 : réduire la mortalité des enfants de moins de 5 ans

Selon l'UNICEF[9], 11 millions de décès d'enfants sont enregistrés chaque année ; parmi ces décès, environ 70% sont dus à six causes principales : la diarrhée, le paludisme, les infections néonatales, la pneumonie, un accouchement prématuré ou un manque d'oxygène à la naissance. L'objectif 4 préconisé par les Nations Unies fixe pour cible de réduire de deux tiers, entre 1990 et 2015, le taux de mortalité des enfants de moins de 5 ans.

1.2.5. Objectif 5 : améliorer la santé maternelle

La mortalité maternelle concerne tous les décès liés à la grossesse, à l'accouchement et à ses suites. Au niveau de chaque pays, il doit être mis en place un programme « santé de la reproduction » mettant un accent particulier sur la santé de la mère, de l'adolescent et de la personne âgée ; ce

---

[9] UNICEF : United Nations for international children's emergency fund.

programme doit en outre intégrer le planning familial. La cible visée ici consiste à réduire de trois quarts, entre 1990 et 2015, le taux de mortalité maternelle.

1.2.6. Objectif 6 : combattre le VIH/SIDA, le paludisme, la tuberculose et d'autres maladies

Le VIH/SIDA est devenu un fléau planétaire, dont les conséquences sont catastrophiques à la fois sur la santé des populations dont en particulier les jeunes qui constituent la force de travail, et sur le développement économique de chaque pays concerné. Ce fléau s'accompagne d'autres maladies tout aussi dévastatrices, comme le paludisme et la tuberculose. La cible visée consiste à tout mettre en œuvre pour stopper la propagation du VIH/SIDA au plus tard en 2015, et à amorcer l'inversion de la tendance par la suite. De même, la cible complémentaire consiste à avoir maîtrisé le paludisme, la tuberculose et d'autres grandes maladies avant 2015, l'inversion de la tendance devant être également amorcée par la suite.

1.2.7. Objectif 7 : assurer un environnement durable

Un des facteurs propices au développement est l'environnement dans lequel vivent les populations. Chaque pays doit en conséquence veiller à la protection et à la promotion d'un environnement sain et durable. La cible visée ici consiste à intégrer les principes du développement durable dans les politiques nationales et à inverser la tendance actuelle que connaît la déperdition des ressources environnementales. Deux autres cibles s'ajoutent à celle-ci : il s'agit d'une part de réduire de moitié avant 2015, la population qui n'a pas accès de façon durable à un approvisionnement en eau potable et d'autre part d'améliorer sensiblement à l'horizon 2020, l'habitat des populations.

Des actions spécifiques et appropriées doivent être menées dans la réalisation des différentes cibles, qui par ailleurs se veulent complémentaires pour être efficaces.

1.2.8. Objectif 8 : mettre en place un partenariat mondial pour le développement

Cet objectif plus large couvre des domaines spécifiques à la coopération internationale, notamment la réforme du système financier international, la mondialisation, l'allégement du fardeau de la dette, le chômage des jeunes et la régulation des flux migratoires, l'accès aux médicaments essentiels ainsi qu'aux nouvelles technologies dont celles spécifiques à la communication et à l'information.

La recherche du développement implique nécessairement la réduction de la pauvreté ; c'est la raison d'être fondamentale des huit objectifs de développement du millénaire ici rappelés, et des stratégies de réduction de la pauvreté initiées et mises en place par la plupart des pays en développement, avec l'appui des partenaires techniques et financiers, dont la Banque mondiale, la Banque africaine de développement et l'Agence française de développement. Évidemment, le tout n'est pas de bien les décrire, encore faut-il les réaliser et de manière régulière, en mesurer les progrès accomplis grâce à un système d'évaluation sans complaisance. De manière générale, l'évaluation du progrès dans l'atteinte des ODM montre que les pays africains sont peu outillés en données statistiques fiables, portant notamment sur l'effectif des pauvres, les besoins en écoles, l'accès à l'eau potable et aux soins de santé primaire dans la quête au développement durable. En dehors de la qualité des statistiques, l'évaluation recommande aux États de mettre en place des mécanismes capables de maintenir la paix et la sécurité, de créer un environnement propice à l'émergence du secteur privé ; il est également préconisé parmi les priorités, la fourniture efficiente des biens publics. Au préalable, les décideurs doivent disposer de la capacité de bien identifier les nécessiteux ainsi que les investissements en infrastructures et services ayant un impact avéré sur la vie des personnes. Un tel exercice ne peut se faire avec efficacité que sur la base des statistiques fiables et transparentes, condition *sine qua non* de décisions bien ciblées. Par ailleurs, tout doit être mis en œuvre pour disposer de l'information requise, base de la connaissance permettant de prendre des actions idoines et des décisions éclairées sur les enjeux de développement et le progrès de la condition humaine. Il existe un outil efficace permettant l'identification de l'endroit « où se trouvent les pauvres » et l'explication des relations entre les facteurs attachés à la pauvreté ainsi que la compréhension de « pourquoi les gens sont pauvres » : c'est l'utilisation des systèmes d'information géographique (SIG) au travers de l'analyse et de la représentation spatiale des indicateurs de pauvreté. La Commission économique des Nations Unies pour l'Afrique (CEA) recommande l'utilisation des SIG par le processus statistique au niveau des Instituts nationaux de la Statistique (INS) ou des structures similaires, les décideurs publics et le secteur privé. En effet, la représentation spatiale connue sous le nom de carte de pauvreté est essentielle dans l'identification minutieuse des incidences de pauvreté ; c'est un profil géographique qui indique les zones de concentration de la pauvreté dans un pays donné. Les cartes de pauvreté peuvent être utiles dans l'allocation des dépenses publiques aux fins de réduction de la pauvreté.

L'analyse de l'état de pauvreté est essentielle pour asseoir une politique de développement adéquate. Pour illustrer l'importance de cet exercice, nous allons prendre l'exemple de l'Inde, fourni par une étude de la Banque mondiale sur les indicateurs de la pauvreté en Inde, menée dans les années 2000. Cette étude relève globalement que :

- les indicateurs de pauvreté de l'Inde sont parmi les plus inquiétants du monde ; plus spécifiquement, ils le sont de manière plus accentuée dans l'État d'Andhra Pradesh : en 2000, 30% de la population vivait sous le seuil de la pauvreté ; le taux de malnutrition des enfants de 0 à 6 ans avoisinait 30% ; le taux d'alphabétisation des femmes était de 33%.

- La principale caractéristique de l'Inde, c'est l'échec constaté des décennies de programmes de lutte contre la pauvreté.

- Face à ce constat, des programmes mieux ciblés étaient conçus : Andhra Pradesh District Poverty Initiatives (Projet d'initiatives de lutte contre la pauvreté du district de Andhra Pradesh), 2000-2006 ; Andhra Pradesh Rural Poverty Reduction Project (Projet de réduction de la pauvreté en milieu rural en Andhra Pradesh), 2002-2007. Ces programmes devaient permettre aux populations rurales pauvres d'améliorer leurs conditions et leur qualité de vie, de réduire leur vulnérabilité aux chocs que constituent la maladie humaine ou du cheptel, les décès dans les familles, les récoltes déficitaires, entre autres. Par souci d'efficacité, les projets mettaient l'accent sur l'organisation des acteurs en petits groupes ainsi que sur l'autogestion des communautés rurales, les premiers rôles étant dévolus aux femmes ; de plus, l'accès des pauvres aux services financiers était facilité grâce à la motivation du secteur privé pour ce marché jusque-là méconnu, mais à fort potentiel. La synergie des groupes d'entraide des femmes constituait pour elles un facteur essentiel de gestion des risques du fait de leur caractère de garantie réciproque et de caution bancaire. Ces projets avaient bénéficié des appuis techniques et financiers de la Banque mondiale, au travers de son guichet souple, l'IDA (International Development Association, Association internationale de Développement, AID).

Les principaux résultats enregistrés par ces projets étaient les suivants :

- augmentation des revenus de près de 90% des ménages ruraux pauvres, dont ceux de 8 millions de femmes, dans l'Etat d'Andhra Pradesh ;

- augmentation en 2006 de plus de 6 millions du nombre de ménages ayant accès au crédit, par rapport à moins de 500 000 en 2000 ;

- naissance d'un secteur financier pour les pauvres en Andhra Pradesh : les banques prêtent 20 fois plus aux ménages pauvres en milieu rural, qu'avant le projet ; en 2006, les flux de crédit annuels accordés aux ménages pauvres avaient fortement augmenté, passant de 23 millions de dollars en 2000 à 446 millions de dollars en 2006 ;

- l'épargne cumulée des ménages pauvres atteignait 292 millions de dollars en 2006 ;

- 1,2 million de paysans pauvres bénéficiaient en 2006 d'une assurance décès ou invalidité permanente, contre seulement 1000 avant le projet ;

- près de 8 millions de femmes pauvres en zone rurale s'étaient organisées en 629 870 groupes d'entraide et 28 282 associations villageoises ;

- des jeunes, au nombre de 20 600, étaient formés et avaient obtenu des emplois dans les secteurs des services et de la construction, grâce aux partenariats avec des sociétés privées ;

- grâce aux projets ainsi réalisés, les organisations communautaires parvenaient plus facilement à vendre leurs produits frais et leurs services à des prix plus rémunérateurs sur le marché.

En ce qui concerne l'investissement en Andhra Pradesh, la stratégie de l'IDA consistait à combiner des investissements publics et privés, pour rendre acceptable le risque que constituaient les populations en situation de pauvreté, et qu'elles deviennent une clientèle recherchée en matière de crédit et d'investissement : les projets appuyés par l'IDA investissaient en moyenne 140 dollars par ménage ; mais ce montant modeste déclenchait quelque 3 450 dollars d'investissements en prêts par des institutions financières commerciales, soit un coefficient multiplicateur de 24,6.

En plus de l'assistance qu'elle est susceptible d'apporter aux États bénéficiaires de ses crédits, l'IDA a conçu un système de mesure des résultats globaux obtenus par ces pays ; l'IDA ou Association internationale de développement, est l'organe de la Banque mondiale qui accorde des crédits sans intérêts aux pays les plus pauvres. Ce système (i) indique les priorités et les processus définis dans le cadre des stratégies nationales de réduction de la pauvreté ; (ii) permet d'évaluer la contribution de l'Association aux résultats de développement et (iii) sert à établir le lien avec le cadre des objectifs de développement pour le Millénaire (ODM). Ces résultats sont mesurés à deux niveaux :

Premier niveau : résultats globaux des pays

Les indicateurs sont groupés en quatre catégories : croissance et réduction de la pauvreté ; gouvernance et climat de l'investissement (climat des affaires) ; infrastructure pour le développement ; développement humain.

Deuxième niveau : contribution de l'IDA aux réalisations du pays

Ce niveau s'appuie sur l'autoévaluation de la Banque mondiale, l'analyse du portefeuille de l'IDA, et les données du Groupe indépendant d'évaluation (IEG) et le Groupe d'assurance de la qualité (QAG). Les indicateurs comportent (i) le nombre d'équipes pays utilisant une stratégie d'aide pays (CAS) basée sur les résultats ; (ii) les notes attribuées aux résultats finaux des CAS, telles que validées par l'IEG ; et (iii) des indicateurs de la qualité des projets lors de leur prise en compte dans le portefeuille de l'IDA, telle qu'évaluée par le QAG.

Cet exemple de l'appui de l'association internationale de développement aux efforts de développement de l'Inde par le biais de la lutte contre la pauvreté laisse déjà percevoir dans un futur proche, des modifications positives dans les échanges entre ce pays et le reste du monde. Ces résultats ne vont pas sans impact sur les autres pays du monde, chacun d'eux pouvant au travers de sa balance des paiements, mesurer sa position par rapport aux autres économies.

Chapitre 2

La balance des paiements et l'internationalisation du développement

2.1. Définition et description globale

Par définition, la balance des paiements est un compte ayant pour objet de recenser toutes les transactions entre les résidents d'un pays donné, avec les non-résidents ; ces transactions concernent les marchandises, les services, les titres (actions, obligations) ou les monnaies.

La balance des paiements comporte d'un côté les crédits, correspondant à toutes les ventes ou cessions (exportations) du pays, ventes de titres que sont les entrées de capitaux dans le pays, les remises de monnaies au titre des paiements que les résidents effectuent pour régler leurs achats à l'étranger ; de l'autre côté, la balance des paiements enregistre au titre des débits tous les achats ou acquisitions : y figurent les importations, les achats de titres (sorties de capitaux) et les acquisitions de monnaies résultant des ventes de marchandises, de services et de titres à l'extérieur. Par respect des règles d'enregistrement des transactions dans la balance des paiements, la valeur globale des crédits doit être égale à celle des débits, car toute transaction possède une contrepartie inscrite dans l'autre colonne de la balance des paiements : en conséquence, la balance des paiements est un document équilibré sur le plan comptable, moyennant la prise en compte des erreurs et omissions éventuelles. À titre d'exemple, considérons les transactions en marchandises entre le Cameroun et le Nigeria : si le Cameroun exporte des marchandises pour un million de naïras et si le paiement est fait en naïras, par versement sur un compte bancaire, la transaction donne lieu à deux écritures de mêmes valeurs, un million de naïras, soit une en crédits dans le poste « marchandises » et une autre en débits dans le poste « devises ».

La balance des paiements comporte trois comptes :

(I) le compte des transactions courantes : ce compte retrace les opérations sur biens et services ;

(II) le compte de capital : il recense les dons en capital, notamment les remises de dettes ;

(III) le compte financier : ce compte reprend toutes les transactions sur titres et monnaies.

Nous allons plus particulièrement nous intéresser au déficit courant d'un pays donné : lorsque le pays connaît au niveau de sa balance des paiements un déficit courant, comment le finance-t-il ? Il le fait par des prêts de l'étranger, par des ventes de capitaux (ventes d'usines ou d'immeubles aux non-résidents) et par des paiements en devises étrangères ou par sa propre monnaie si celle-ci a un statut de monnaie internationale. Toutes ces opérations financières compensatrices apparaissent dans le compte financier.

Lorsque les déficits courants s'accumulent, l'endettement du pays concerné s'accroît d'autant, ce qui constitue une menace pour la prospérité et l'indépendance du pays. Dans la situation inverse, c'est-à-dire s'il y a excédent et si celui-ci se maintient dans la durée, le pays a alors un statut de prêteur international, il peut investir à l'étranger et accumuler des devises. La situation de déficit courant chronique est caractéristique des pays en développement, ce qui explique leur endettement extérieur permanent, allant le plus souvent jusqu'au surendettement, d'où des recours répétitifs aux mécanismes de rééchelonnement et autres traitements de la dette extérieure.

2.2. Exploitation et interprétation de la balance des paiements

La balance des paiements est un document comptable destiné à retracer l'ensemble des opérations effectuées avec l'étranger pendant une période donnée (en général une année), et ayant une incidence financière. Elle se décompose selon le schéma ci-après :

DÉCOMPOSITION DE LA BALANCE DES PAIEMENTS

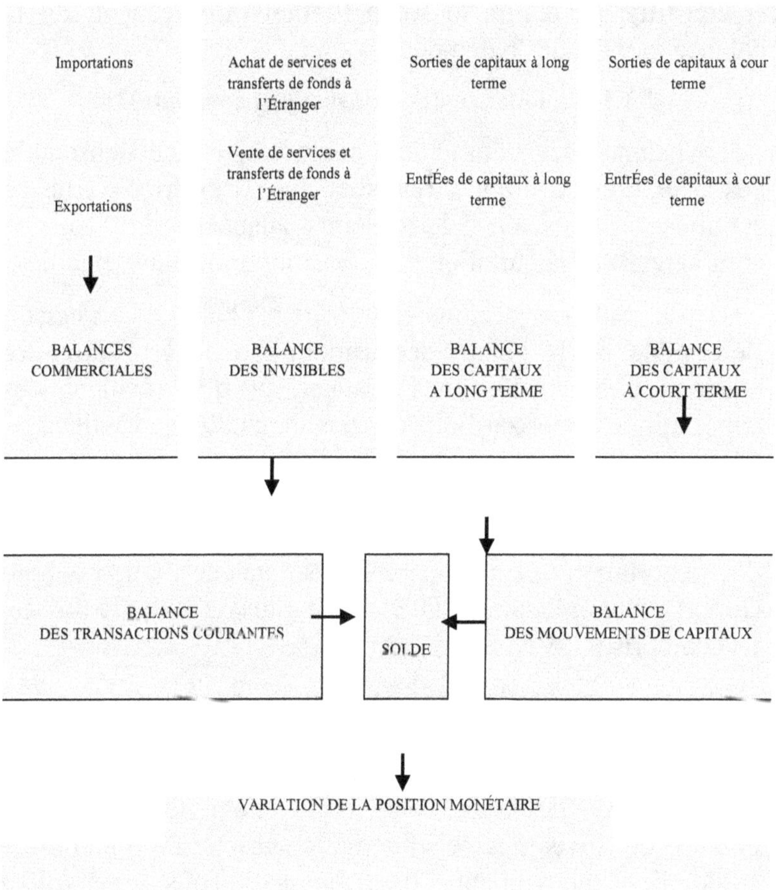

En vue de faciliter l'interprétation du document statistique qu'est la balance des paiements, les opérations de même nature sont regroupées dans des balances spécifiques, d'où la balance des transactions courantes et la balance des mouvements de capitaux.

De toutes ces transactions ainsi comptabilisées, il se dégage un solde, mis en exergue par le poste « variation de la position monétaire extérieure », qui définit la « variation de la position monétaire d'un pays donné » vis-à-vis de l'extérieur et constitue en réalité le solde (déficit ou excédent) de la balance globale des paiements.

2.2.1. La balance des transactions courantes

La balance des transactions courantes retrace l'ensemble des opérations courantes réalisées avec l'extérieur. Elle se subdivise aussi en deux sous-balances, la balance commerciale et la variation de la position monétaire externe :

(i) la balance commerciale : cette balance enregistre l'ensemble de la valeur des importations, c'est-à-dire des marchandises achetées à l'étranger, et de la valeur des exportations, c'est-à-dire des marchandises vendues à l'étranger. Il ne s'agit donc ici que des biens ayant un aspect matériel : voitures, chaînes Hi-fi, vêtements, jouets, machines à laver, entre autres. La comptabilisation des importations ou des exportations peut s'opérer à leur valeur Franco à bord (F.A.B), free on board (F.O.B) en Anglais ou coût, assurance, fret compris (C.A.F) ;

(ii) variation de la position monétaire externe : Il existe différents soldes de la balance des paiements, à la suite de la comptabilisation des opérations dans les différentes balances, d'où le solde de la balance commerciale, le solde de la balance des invisibles, le solde des transactions courantes, le solde des mouvements de capitaux. Tous ces soldes concourent à la détermination du solde de la balance globale.

Le pays concerné est contraint à résoudre un problème de financement lorsque ce solde est négatif. À hauteur du montant qui apparaît au poste « variation », le financement peut se faire par des sorties de devises, par ventes d'or, ou par recours aux emprunts extérieurs.

Déficit ou excédent ? Il y a « déficit de la balance des paiements » lorsque le solde de la balance globale est négatif. Inversement, on dit qu'il y a « excédent de la balance des paiements » quand le solde de la balance globale est positif.

Du point de vue purement comptable, ces expressions sont inexactes, car la balance des paiements est un document construit de telle sorte que la somme des entrées et des sorties s'équilibre. Cet équilibre s'obtient en créant un poste intitulé « variation de la position monétaire extérieure », dont le montant est identique en valeur absolue à celui de la balance globale, mais assorti d'un signe de sens contraire. Ce poste correspond au montant qui devra être couvert sur ressources propres ou financement reçu, par le pays concerné (versements de devises, d'or ou par recours à l'endettement international).

2.2.2. Des indicateurs aux fins d'interprétation de la balance commerciale

Taux de couverture : [(valeur des exportations) / (Valeur des importations)] X100

Taux de pénétration en valeur d'un bien : [(valeur des biens importés) /(demande en valeur de ce bien sur le marché national)]X100

Effort à l'exportation : [(valeur des exportations) /(valeur de la production intérieure)]X100.

Le développement d'une économie donnée est nécessairement impulsé par la croissance économique, qui en constitue un préalable.

Deuxième partie

La croissance économique et son impact sur le développement

Chapitre 3

La définition de la croissance et de ses indicateurs de mesure

3.1. La définition et la mesure de la croissance économique

La croissance économique revêt plusieurs définitions, qui se réfèrent de manière générale à la variation positive de la production des biens et services dans une économie donnée, sur une longue période. La croissance économique est un processus fondamental des économies du monde ; elle repose sur le développement des facteurs de production ; elle est liée à la révolution industrielle, ainsi qu'à l'accès aux ressources nouvelles minérales ou énergétiques, et au progrès technique. La croissance joue un rôle de transformation de la vie des populations, en leur procurant davantage de biens et services. Sur le long terme, son impact est important sur la démographie et la qualité de vie, avec possibilité de contribuer de façon significative à la réduction de la pauvreté.

Si pour François Perroux[10] la croissance économique est « l'augmentation soutenue pendant une ou plusieurs périodes longues d'un indicateur de dimension, pour une nation, le produit global net en termes réels », Simon Kuznets[11] va plus loin. Pour lui, il y a croissance lorsque le taux d'accroissement du produit intérieur brut (PIB) est supérieur

---

[10] F. Perroux, La pensée économique de Joseph Schumpeter : une théorie pure de la dynamique capitaliste, Librairie Dalloz, Paris, 1935.

[11] Simon Kuznets, Economic Growth of Nations : Total Output and Production Structure, Harvard University Press, Cambridge, Massachusetts, 1971.

à celui de la population. Il est important de relever aussi que les économistes utilisent bien souvent d'autres termes liés à la croissance : ainsi parlera-t-on d'expansion lorsqu'on considère le court terme, par opposition à récession qui marque le déclin dans un cycle économique. La croissance potentielle quant à elle, est l'estimation entre la croissance mesurée, donc connue, et celle qui serait obtenue avec une pleine utilisation de tous les facteurs de production : cet écart est minimal dans la phase ultime d'une expansion.

Il convient cependant de mentionner que la croissance est susceptible de produire des effets pervers, au travers de la pollution et des atteintes à l'environnement, de l'accentuation des inégalités sociales du fait d'une répartition inéquitable des richesses, de l'épuisement des ressources naturelles comme le pétrole.

Pour mesurer la croissance économique, il est fait recours à des indicateurs économiques :

- le Produit intérieur brut (PIB) : c'est la mesure quantitative du volume de la production ;

- la parité du pouvoir d'achat (PPA) : afin d'effectuer des comparaisons internationales, la PPA permet d'exprimer le pouvoir d'achat dans une monnaie de référence, qui peut être par exemple le dollar des États-Unis ou l'euro ;

- le raisonnement à monnaie constante : pour analyser l'évolution de la situation d'un pays à des époques différentes, on peut exprimer un indicateur économique à prix constants, de manière à tout ramener à une base de référence, ce qui facilite la comparaison dans le temps.

De manière générale, le PIB est utilisé comme mesure de la croissance économique. Il lui est fait un certain nombre de critiques, dont les plus en vue sont les suivantes :

- le PIB ne mesure pas ou mesure mal, l'économie informelle : par une boutade bien connue des économistes, Alfred Sauvy ironisait en disant qu'« il suffit de se marier de sa cuisinière pour faire baisser le PIB » ;

- le PIB ne mesure que les apports de valeur ajoutée dans l'immédiat, en général sur une année : il en résulte que les effets de long terme, notamment dans les services comme l'éducation et la santé ne sont pas (ou sont mal) comptabilisés en termes de leur impact sur la production ;

- le PIB ne mesure que la valeur ajoutée produite par les agents économiques résidents ; donc, le PIB ne prend pas en compte les transferts de ressources internationaux, alors que ceux-ci peuvent représenter une part importante de la richesse nationale. D'où l'idée d'utiliser un outil plus performant et représentatif tel que le Revenu national brut (RNB) ;

- le PIB ne prend en compte que les valeurs ajoutées et non la richesse possédée par un pays.

Comme déjà rappelé précédemment dans ce livre, le développement économique ne se résume pas à la seule croissance économique ; c'est pour cette raison que des indicateurs autres que le PIB ont été proposés pour le mesurer. Il en est ainsi de l'indice de développement humain (IDH), déjà mentionné au chapitre 1. Créé en 1990 par le Programme des Nations Unies pour le Développement (PNUD), l'IDH est un indice composite, destiné à évaluer le niveau de développement humain des pays du monde :

Le principe de l'IDH : c'est un indice composite, sans dimension, compris entre 0 et 1. Il est calculé en prenant la moyenne simple de trois indices qui quantifient respectivement santé/longévité, savoir ou niveau d'éducation, niveau de vie.

La santé / la longévité : ces variables sont mesurées par l'espérance de vie à la naissance ; celle-ci permet de mesurer indirectement le niveau de satisfaction des besoins fondamentaux matériels, notamment l'accès à une alimentation saine, l'eau potable, un logement décent, une bonne hygiène et des soins médicaux. Après l'épidémie du SIDA qui a fait son lot de destruction des vies humaines et qui en 2002 a été prise en compte dans son estimation des impacts démographiques par la Division de la population des Nations unies, ce sera le tour de l'épidémie du virus d'Ebola dans les années à venir ;

Le savoir ou niveau d'éducation : cet élément est mesuré d'une part par le taux d'alphabétisation des adultes, qui est le pourcentage de la tranche de la population des 15 ans et plus sachant écrire et comprendre facilement un texte court et simple traitant de la vie quotidienne, et d'autre part par le taux brut de scolarisation qui est la mesure combinée des taux pour le primaire, le secondaire et le supérieur. Il traduit le niveau de satisfaction des besoins immatériels tels que la capacité à participer aux prises de décision sur le lieu de travail dans la société ;

Le niveau de vie : il s'agit ici du logarithme du produit intérieur brut par tête d'habitant en parité de pouvoir d'achat ; cet élément permet d'englober tous les aspects liés à la qualité de la vie qui ne sont pas décrits par les deux premiers indices présentés ci-dessus. C'est notamment le cas pour la mobilité ou l'accès à la culture.

Pour la détermination de l'IDH, les données utilisées sont fournies par les États à l'Organisation des Nations Unies. Étant donné le degré de raffinement de cet exercice, l'IDH est rendu public avec un certain retard, dû au fait qu'il est calculé au titre de l'année n, à partir des données correspondant à l'année (n-2).

Le calcul de l'IDH s'effectue en appliquant la formule suivante :

IDH = (A+D+E)/3,

Avec A = (EV-25)/60 : EV, longévité (espérance de vie) comprise entre 25 ans et 85 ans ;

D = (2TA+TBS)/3 : TA = Taux d'alphabétisation et TBS = Taux brut de scolarisation ;

E = (log_{10}PIB-2)/2,60206 : le niveau de vie est mesuré par le logarithme (base 10) du PIB par habitant en parité de pouvoir d'achat ; cette mesure a une valeur minimale de 100 dollars US et une valeur maximale de 40 000 dollars US.

Tout comme nous l'avons relevé pour le PIB, l'IDH comporte aussi ses limites, notamment : la fiabilité inégale des statistiques nationales officielles (taux d'alphabétisation surestimé dans certains pays) utilisées par le PNUD pour le calcul de l'IDH ; le caractère discutable du mode de calcul des indices élémentaires, à l'instar du choix du log du PIB par habitant, qui a pour effet de minorer sérieusement les écarts de richesse ; du fait qu'il se fonde uniquement sur des moyennes, l'IDH ne tient pas compte de la répartition des revenus, mais ce défaut se trouve atténué du fait que l'espérance de vie moyenne dépend fortement des inégalités de revenu et d'accès aux soins ; par ailleurs, en nous référant à la définition du développement par Amartya Sen comme processus d'expansion des libertés rappelée au chapitre 1, la non prise en compte de celles-ci dans l'IDH constitue un manquement à rectifier.

3.2. L'explication de la croissance au travers de quelques modèles

De nombreuses réflexions se sont développées autour de la définition de la croissance économique ; certaines de ces réflexions ont conduit à la construction des modèles de croissance économique. Avant de donner de manière synthétique les caractéristiques essentielles de quelques-uns de ces modèles, il est utile de rappeler quelques déterminants et théories de la croissance économique.

Selon l'économiste Daron Acemoglu dans « An Introduction to Modern Economic Growth, 2008 », la croissance économique est la résultante de quatre causes fondamentales que sont l'environnement naturel, la culture, les institutions et la chance. Il faut également relever à travers la littérature économique, l'importance accordée au rôle du progrès technique, seul capable sur le long terme, de rendre plus productive une économie. Tous ces éléments et bien d'autres vont donner cours à plusieurs écoles de pensée économique :

Pour l'école classique au début de la révolution industrielle, aucune croissance ne peut être durable, du fait de la nécessaire convergence de toute production vers un état stationnaire. Cependant, des économistes comme Adam Smith et Jean-Baptiste Say vont soutenir la possibilité d'une croissance ininterrompue, du fait notamment des effets de productivité induits par la division du travail, ainsi que de la puissance de la faculté pour l'homme de former des capitaux qu'il peut amasser avec le temps, au travers de l'épargne et de l'industrie.

En développant l'innovation comme facteur d'impulsion de la croissance économique, Schumpeter va aussi introduire la notion de cycle économique, ce qui permet d'expliquer pourquoi une économie peut connaître une phase d'expansion, de stagnation et de déclin.

Globalement, trois types de cycles économiques seront retenus : les cycles longs ou cycles Kondratieff, d'une durée de 50 ans ; les cycles intermédiaires ou cycles Juglar, d'une durée de 10 ans environ ; les cycles courts ou cycles de Kitchin, d'une durée de 40 mois environ. Pour décrire le processus selon lequel une économie va passer d'un modèle ancien à un nouveau du fait de l'innovation, Joseph Schumpeter[12] va introduire le concept de « destruction créatrice ». Schumpeter va préciser les contours de ce concept par les considérations suivantes :

- ce sont les nouveaux biens de consommation, les nouvelles méthodes de production et de transport, les nouveaux marchés, les nouveaux types d'organisations industrielles tous créés par l'initiative capitaliste, qui constituent l'impulsion fondamentale imprimée à la machine capitaliste ;

- à titre d'illustration, l'ouverture de nouveaux marchés nationaux ou extérieurs et le développement des organisations productives, depuis l'atelier artisanal et la manufacture jusqu'aux entreprises à l'instar de l'US Steel, sont à la base du processus de mutation industrielle ;

- cette mutation révolutionne inéluctablement de l'intérieur la dynamique de la structure économique ;

- le phénomène ainsi amorcé s'opère en détruisant les éléments vieillis de la structure économique et en créant concomitamment des éléments neufs pour s'y substituer. Ce processus de destruction créatrice constitue la donnée fondamentale du capitalisme à laquelle chaque entreprise doit impérativement s'adapter.

Les mutations du monde d'aujourd'hui, que nous vivons au travers des prodiges des technologies de l'information et de la communication, traduisent parfaitement cette description de Schumpeter. Ainsi la « destruction » du téléphone fixe a pratiquement « créé » le téléphone portable ; la fracture numérique, que tous les pays du monde cherchent à combler, montre bien que le processus d'adaptation au

[12] Joseph Schumpeter, Capitalisme, socialisme et démocratie, 1942, Payot, Édition française de 1951.

produit issu de la destruction créatrice s'impose à tous, personne n'ayant intérêt à « décrocher ».

En s'inspirant des travaux de Keynes, les économistes Harrod et Domar vont après la Deuxième Guerre mondiale, construire le modèle Harrod-Domar. Ils chercheront à identifier les conditions dans lesquelles une phase d'expansion pour une économie donnée peut être durable, et en même temps, ils feront ressortir l'importance du caractère instable de tout processus d'expansion ; ils vont en déduire ce qu'ils ont baptisé croissance « sur le fil du rasoir ». En effet, la croissance ne peut être équilibrée que si l'offre de production augmente plus (surproduction) ou moins (sous-production) en fonction de la demande ; il devient donc nécessaire de respecter le rythme de croissance économique, c'est-à-dire un taux bien ciblé, fonction de l'épargne et du coefficient du capital (quantité nécessaire à la production d'une unité) de l'économie considérée. Or les études empiriques montrent que la croissance économique ne peut pas respecter ce taux, à cause des décisions individuelles en matière d'investissement. Donc sous l'effet du multiplicateur d'investissement, la croissance va baisser progressivement : ainsi, pour Harrod, la croissance est toujours « sur le fil du rasoir ».

L'économiste Robert Solow va développer son modèle en utilisant le concept de croissance exogène : il fait l'hypothèse de productivité marginale décroissante du capital dans la fonction de production, les facteurs de production étant utilisés avec efficacité et rémunérés à leur productivité marginale. Solow va montrer qu'une telle économie tend vers un état stationnaire ; en faisant tourner le modèle sur le long terme, Solow arrive à la conclusion selon laquelle la croissance de long terme ne peut provenir que du progrès technique, plutôt que de l'accumulation du capital. Il en résulte pour Solow, que les économies des pays pauvres, connus aujourd'hui sous l'appellation « pays en développement », devraient croître plus vite que celles des pays riches, dits développés. Une telle conclusion est compréhensible, puisque les économies développées disposent déjà d'infrastructures indispensables au développement minimal, contrairement aux économies en développement.

Le fait pour Solow de considérer le progrès technique comme exogène à la croissance économique a fait l'objet de critique, d'où la théorie de la croissance endogène.

À partir des années 1970, les économistes Paul Romer, Robert E. Lucas et Robert Barro vont développer des modèles cherchant à endogéniser le progrès technique. L'hypothèse forte sur laquelle s'appuient les nouvelles théories de la croissance économique consiste à considérer que la croissance génère elle-même le progrès technique. Ainsi donc, la croissance alors auto-entretenue n'a plus de limite ; le progrès technique est engendré par trois mécanismes majeurs que sont :

- « Learning by doing » : l'expérience acquise améliore la productivité ;

- L'accumulation du capital humain : il y a amélioration de la compétence de la main-d'œuvre ;

- Le financement des infrastructures, publiques ou privées.

Il est attendu de l'État qu'il joue un triple rôle : encourager les innovations, notamment par la création d'un cadre de coordination des externalités ; susciter les innovations en investissant dans la recherche fondamentale et les infrastructures, améliorer le capital humain par un système éducatif adéquat et de renforcement des capacités.

La théorie de la croissance économique a ses adeptes, qui vont jusqu'à lui reconnaître un rôle déterminant dans l'impulsion du développement économique, en faveur de toutes les couches de la population en général, et plus spécifiquement des plus pauvres. Moyennant l'utilisation de calculs mathématiques parfois complexes, certains modèles s'intéressent à l'étude des propriétés d'optimalité du régime de croissance : il en résulte ce qu'il convient d'appeler la « règle d'or », selon laquelle le taux de croissance optimal est égal à la rémunération du capital, en pourcentage, c'est-à-dire le taux d'intérêt. D'autres modèles s'intéressent à ce qu'ils nomment systèmes chaotiques, pour montrer l'apport de la dynamique chaotique aux théories de la croissance : ce qui permet d'expliquer pourquoi les sentiers de croissance des pays ne sont pas stables, mais sont susceptibles de présenter des profils fortement irréguliers[13].

Avant de développer plus en profondeur au prochain chapitre cet aspect relatif à l'impact de la croissance, nous allons relever au passage les principaux arguments favorables à la croissance économique.

En quoi la croissance économique est-elle utile ?

La croissance économique permet de réduire des inégalités de revenu des individus à l'échelle supranationale. À titre d'exemple, il a été relevé que la diminution de la pauvreté a été rapide dans le monde au cours de la deuxième moitié du XXème siècle. Selon des rapports de la Banque mondiale, c'est dans les régions où la croissance a été plus faible que la pauvreté a le moins reculé et qu'elle présente des risques de pouvoir augmenter dans l'avenir : la situation de l'Afrique subsaharienne en est une illustration.

Une étude de l'économiste Richard Easterlin, connue sous le nom de « Paradoxe d'Easterlin », publiée en 1974, a tenté de montrer que le PIB par habitant n'a pas d'impact sur le

---

[13] Gilles Dufrénot, croissance, fluctuations et chaos, Economica, 1999.

niveau de satisfaction des individus ; mais cette assertion a été plus tard démentie en 2008 par les économistes Justin Wolfers et Betney Stevenson : à partir des données individuelles collectées dans un grand nombre de pays, il a été démontré qu'il existe effectivement un lien entre le PIB par habitant et le degré de satisfaction des individus.

Chapitre 4

L'impact de la croissance économique sur le développement

Stricto sensu, la croissance est un processus d'accroissement de la seule production économique. Elle ne concerne donc pas de prime abord l'ensemble des mutations économiques et sociales caractéristiques d'une économie en développement. Par définition, ce sont ces transformations qui constituent le développement.

L'économiste François Perroux pense que « le développement est la combinaison des changements mentaux et sociaux d'une population qui la rend apte à faire croître, cumulativement et durablement, son produit réel global ». D'une certaine manière, le terme « croissance » se réfère alors plus spécifiquement aux économies déjà développées. Cette approche est illustrée par la Commission du développement durable du gouvernement britannique, qui insiste sur la distinction nette qu'il convient d'établir entre les trois notions que sont la croissance des flux biophysiques (énergie et matériaux), la croissance de la valeur monétaire de la production (PIB) et la croissance du bien-être économique de la population.

4.1. La lutte contre la pauvreté

Rechercher le développement d'un pays revient à lutter contre la pauvreté. Cet objectif doit constituer l'élément fondamental de tout programme de développement économique et social. La construction du programme nécessite la définition de la pauvreté, son identification et la mise au point d'un ensemble de mesures de lutte contre la pauvreté, assorties de cibles à atteindre dans des délais. Les objectifs de développement du millénaire décrits plus haut illustrent bien l'approche qu'il convient de mettre en œuvre pour atteindre des cibles d'évolution des sous-ensembles (éducation, santé, environnement, coopération internationale,) qui interagissent dans la réduction de la pauvreté. Car en réalité, la pauvreté n'est pas que monétaire, elle englobe tous les aspects de la vie de chaque être humain : par exemple, en réponse à des questions posées lors des études sur la pauvreté, il a été intéressant d'entendre certaines personnes interrogées déclarer que pour elles, le fait pour un individu de ne pas pouvoir envoyer son enfant à l'école, ou de ne pas pouvoir se faire consulter par un médecin était une manifestation de la pauvreté. La réponse à ces préoccupations requiert une augmentation dans les services offerts aux populations, en quantité d'abord - car il faut que ces services soient disponibles et accessibles – en qualité ensuite. Pour que le développement, et partant la réduction de la pauvreté, soit une réalité concrète, il faut au préalable qu'il y ait croissance. L'avènement de la croissance économique induit une autre réalité, qui est attachée à la répartition de cette croissance, c'est-à-dire l'identification des bénéficiaires de la croissance.

4.2. La relation entre croissance économique et inégalités sociales

Dans les années 1850, l'économiste Simon Kuznets a mené des études relatives à la relation entre la croissance et les inégalités sociales. Il a ainsi construit ce qui est connu sous le nom de courbe de Kuznets, construite en représentant la croissance en abscisses et les inégalités en ordonnées ; c'est un « U inversé » censé traduire le caractère « mécanique » de la réduction des inégalités sous l'effet du développement économique. Selon Kuznets, il existe une relation générale entre croissance et inégalités. Ces inégalités augmentent d'abord ; elles diminuent ensuite lorsque les revenus générés par la croissance économique sont assez élevés : le niveau d'appréciation dépend de l'environnement économique dans lequel on se trouve, et cela est évidemment reflété par la courbe de Kuznets. Deux raisons sont avancées pour expliquer ce phénomène historique : d'une part, la main-d'œuvre du secteur agricole se déplace vers l'industrie et d'autre part, les travailleurs ruraux deviennent urbains. Moyennant ces deux assertions, les inégalités décroissent lorsque la moitié de la main-d'œuvre totale est employée dans un secteur à plus hauts revenus. Les conclusions de Kuznets soulèvent entre autres la question de savoir s'il suffit d'augmenter le « gâteau » pour que le partage de celui-ci ne pose plus de problème ; en d'autres termes, la croissance économique rime-t-elle avec répartition équitable ? Il suffit de se référer aux défauts de la moyenne statistique pour comprendre qu'il nous faut répondre avec prudence à cette question, car tout dépend du contexte et de la politique de développement mise en œuvre.

D'autres études ultérieures vont réfuter l'hypothèse de Kuznets, en démontrant de manière empirique que la croissance est neutre par rapport aux inégalités. Ce qui veut dire que lorsque dans une économie donnée, il y a des inégalités dans la redistribution du fruit de la croissance, même si ce fruit connaît une augmentation, ces inégalités ne vont pas s'estomper. En approfondissant l'analyse, nous pouvons conclure que dans une économie donnée, il n'est pas aisé à un pauvre de sortir de son état de pauvreté, quand bien même il y aurait augmentation globale des richesses dans son environnement. Cette conclusion interpelle les politiques en matière de conception et de mise en œuvre des programmes de développement économique et social : ces programmes doivent veiller à éviter l'existence des « groupes d'indifférents » dans la société.

Depuis Kuznets et ses contradicteurs, les réflexions n'ont pas tari. Dans une étude de la Banque mondiale intitulée « Growth is good for the poor » publiée en mars 2000, Dollar et Art Kraay ont conclu que les revenus des populations pauvres, soit 20% (le quintile inférieur) augmentaient proportionnellement avec le revenu moyen, de manière presque systématique quels que soient les périodes et les pays concernés. Ces travaux vont par la suite se trouver complétés par une autre étude de la Banque mondiale relative à la « Qualité de la croissance » en mars 2002 : d'après cette étude, une croissance instable a des répercussions très négatives sur les pauvres. Il ressort également de cette étude que dans la réalité, la croissance économique revêt de nombreuses dimensions que sont loin de refléter de simples chiffres, notamment le produit national brut (PNB) par habitant. Si nous prenons le cas d'une baisse de la « conjoncture », le constat est évident : lorsque les revenus diminuent, c'est-à-dire lorsque le niveau de la croissance économique est faible, l'ajustement de la répartition des revenus se fait généralement au détriment des plus pauvres ; ce qui est bien souvent à l'origine de tensions sociales, notamment entre les travailleurs, le patronat et les pouvoirs publics. Tout cela peut se résumer comme suit : « lorsque les revenus augmentent, la redistribution privilégie les plus riches ; lorsque les revenus diminuent, la redistribution s'opère au détriment des plus pauvres ! ». Ici aussi, les politiques sont interpellés par rapport à la qualité des programmes de développement économique et social, et le cas échéant, des programmes d'ajustement structurel. Une attention particulière doit être constamment portée sur le fonctionnement stratégique du circuit économique que constituent les trois pôles « Production », « Revenus », « Dépense » : la production génère les revenus ; les revenus donnent lieu à la dépense ; une composante de la dépense contribue au renforcement de la production par le biais de l'investissement productif, et ainsi de suite. Il en résulte des politiques appropriées, qui doivent veiller à des relations harmonieuses entre les différents acteurs de la société. Afin de mesurer la « soutenabilité » de la qualité de la croissance en France, la Commission Stiglitz-Sen-Fitoussi a, en plus du PIB, proposé sept autres indicateurs, qui constituent le « Tableau de bord de la qualité de la croissance française » : évolution des stocks d'actifs productifs, physiques et incorporels rapportés au PIB ; proportion de titulaires d'un diplôme supérieur au brevet des collèges parmi les 25 à 64 ans ; proportion artificialisée du territoire ; empreinte carbone française annuelle, importations incluses ; rapport entre revenus détenus par le cinquième le plus riche de la population et ceux détenus par le cinquième le plus pauvre ; dette publique nette rapportée au PIB ; dette extérieure nette rapportée au PIB. Ces indicateurs et bien d'autres qui pourraient résulter d'études ultérieures éventuelles, devraient faire l'objet de débat ouvert à différents acteurs de la population, aux fins de devenir, une fois retenus, de véritables choix de société.

La Commission Stiglitz, du nom de son président Joseph Stiglitz, prix Nobel d'économie en octobre 2001, a été créée par le président français Nicolas Sarkozy en 2008. D'appellation officielle « Commission sur la mesure des performances économiques et du progrès social », elle avait pour attribution de développer une « réflexion sur les moyens d'échapper à une approche trop quantitative, trop comptable de la mesure de nos performances collectives » et d'élaborer de nouveaux indicateurs de richesse. D'où son organisation en trois sous-groupes de travail : « Questions classiques de mesure du PIB » présidé par Enrico Giovanni de l'OCDE ; « Environnement et développement durable » présidé par Geoffrey Heal de Columbia University et « Qualité de la vie », sous la présidence de Alain B. Krueger de Princeton

University. Le rapport final de la Commission a été présenté à la Sorbonne à Paris, le 14 septembre 2009.

En dehors des effets négatifs d'une répartition inefficace des revenus issus de la croissance économique sur le développement, la croissance elle-même peut de par sa nature n'avoir aucun impact sur le développement. Il en est ainsi particulièrement pour les pays les moins avancés (PMA), pour lesquels les rapports récents (2004-2005) de la Conférence des Nations Unies pour le Commerce et le Développement (CNUCED), relativisent l'impact de la croissance économique moyenne sur le développement. Pour la CNUCED, la croissance économique des PMA a augmenté grâce aux revenus du pétrole, mais la performance économique de ces pays se trouve faussée par les faiblesses notoires des économies concernées : il en résulte selon la CNUCED la nécessité pour les décideurs locaux et les partenaires au développement, de concentrer les efforts sur les capacités productives. Selon l'OCDE (Organisation de Coopération et de Développement économiques), les taux de croissance économique du continent africain ont atteint dans les années 2004 - 2006, des niveaux moyens en progression constante : 5% en 2004, 4,9% en 2005, 5,8% en 2006. Ces taux signifient que ce continent, souvent « dédié au misérabilisme, aux crises humanitaires et aux coups d'État, serait ainsi en train de trouver sa place dans l'économie mondiale et de créer de la richesse ». Pour l'OCDE, cette augmentation du PIB moyen africain est tributaire des deux facteurs que sont les revenus du pétrole et l'accroissement de l'aide au développement.

La CNUCED s'appesantit sur 50 États PMA (dont 34 Africains), soit 11,3% de la population mondiale et 0,6% du PIB mondial : en général, lorsqu'un pays classé PMA produit du pétrole, les revenus qui en résultent n'irriguent pas le reste de l'économie ; car les compagnies pétrolières créent leur « propre bulle logistique et économique dans le pays producteur ». Il s'installe ainsi une enclave au sein de l'économie du pays producteur, qui annihile tout effet des revenus issus du pétrole. Ces conclusions de la CNUCED méritent d'être nuancées, car tout dépend de la politique mise en place par les autorités du pays producteur : des mesures prévoient dans certains de ces pays, la budgétisation des recettes pétrolières, et même la mise en place d'un compte bancaire dédié aux générations futures ; il existe des résistances par rapport à une telle disposition, mais l'exigence de la transparence et de la gouvernance exercée par les partenaires au développement, notamment le Fonds monétaire international (FMI) et la Banque mondiale, a eu gain de cause. Du fait justement de leur faible croissance économique, ces pays ont eu recours à des programmes d'ajustement structurel assortis de rééchelonnement de la dette au Club de Paris.

S'agissant plus spécifiquement des pays africains, la CNUCED trouve que leur croissance n'est pas durable. Ces économies restent particulièrement vulnérables, sous influences conjuguées de plusieurs facteurs conjoncturels, notamment les cours du pétrole, le niveau des exportations et la fidélité des acheteurs étrangers, les conditions climatiques et leur incidence sur les rendements agricoles. La solution pour renouer avec une croissance économique durable consiste pour les PMA en général et les pays africains en particulier, à fabriquer des produits manufacturés et les exporter, créer des emplois, sortir les petites entreprises de l'économie informelle. Pour promouvoir le développement des économies en développement, essentiellement les PMA, l'accent doit être mis sur deux secteurs, à savoir l'industrie et les services : on relève en effet que les changements structurels sont peu favorables au décollage des économies des PMA, il y a manque des Petites et moyennes industries (PMI) et des petites et moyennes entreprises (PME), le secteur industriel est en baisse et le secteur tertiaire faible. Du coup, l'exode rural qui est un véritable choc, se trouve accentué, car l'agriculture – qui occupe environ 70% de la population du pays - est en recul dans ces pays : les parcelles sont de petite taille, le matériel agricole est rudimentaire, la productivité agricole n'a pas augmenté, mais a plutôt baissé au cours des deux dernières décennies.

Les idées développées par la CNUCED dans ses rapports méritent d'être examinées avec précaution, de manière à éviter toute mise en œuvre hâtive. Mettre l'accent sur l'industrie ne devrait pas signifier favoriser l'exode rural, mais plutôt encourager l'implantation des industries en milieu rural ; ce qui renvoie notamment à trois axes d'action : (a) susciter la création des plantations de grande taille, ce qui peut nécessiter une réforme agraire bien ciblée caractérisée par ce qu'il convient d'appeler agriculture de seconde génération ; (b) favoriser la délocalisation de certaines industries et leur installation dans des zones à désenclaver, moyennant des mesures incitatives éventuellement d'ordre fiscal ; (c) améliorer le code ou la charte des investissements en y incluant des dispositions incitatives à des opérations de joint-venture entre investisseurs nationaux et étrangers, y compris dans l'agro-industrie.

S'il y a un animal que tout le monde « chasse » aujourd'hui, comme hier et certainement demain à des degrés divers, c'est bien la croissance économique. Le G20 réuni à son sommet de Brisbane en Australie du 14 au 25 novembre 2014, n'a pas échappé à la règle : dans sa déclaration finale, il s'engage à « doper la croissance mondiale de 2,1 points d'ici à cinq ans », de manière à favoriser l'investissement et les infrastructures, accroître les échanges commerciaux et la concurrence. Pour cela, il est préconisé l'injection d'un montant de 2 000 milliards de dollars des États-Unis dans l'économie mondiale, ainsi que la création de millions d'emplois. La mise en œuvre de ces mesures de consolidation sera suivie par le Fonds Monétaire international (FMI) et l'Organisation de Coopération et le Développement économiques (OCDE).

Le G20 est le groupe des pays les plus puissants du monde : il a été créé en 1999 à la suite des crises financières des années 1990, avec pour objectif la facilitation de la concertation internationale, sur le principe d'un dialogue élargi prenant en compte le poids économique croissant enregistré par un certain nombre de pays ; il réunit régulièrement les ministres, les chefs des banques centrales et les chefs d'État. Le G20 représente 85% du commerce mondial, 2/3 de la population mondiale et plus de 90% du produit intérieur brut (PIB) mondial.

Une fois de plus, l'importance de la croissance économique comme stimulant du développement est réaffirmée. Chaque pays du monde en général, plus spécifiquement du monde en développement, a besoin de la croissance économique pour asseoir son développement. Il lui faut pour cela trouver des ressources destinées au financement de la croissance ; ces ressources peuvent être mobilisées localement ou à l'extérieur, d'où l'impérieux recours au financement extérieur, source d'endettement international. Nous allons dans les prochaines pages de ce livre, examiner et analyser les différents aspects principaux de la gestion de la dette extérieure.

Troisième partie

Le financement international du développement et ses mécanismes de mise en œuvre

Chapitre 5

L'endettement international et les sources de la dette des pays en développement

Dès leur accession à la souveraineté, les pays sous-développés vont rechercher les voies et moyens pour améliorer les conditions de vie des populations concernées. Face à une épargne financière insuffisante, voire inexistante, dans la plupart des cas, ces pays désormais appelés pays en développement - comme pour reconnaître au niveau de la communauté internationale leurs efforts - vont se lancer dans la recherche des capitaux à l'étranger, afin de compléter leur épargne intérieure allouée à l'investissement. Dans chaque pays en développement, nous avons affaire à une économie d'endettement. En effet, cette économie se caractérise par le fait que les taux d'autofinancement des agents non financiers sont faibles, d'où l'insuffisance structurelle de l'épargne par rapport au niveau d'investissement souhaité. À cela s'ajoute un double niveau d'endettement : d'un côté, nous relevons l'endettement des agents non financiers auprès des banques, et de l'autre, celui des banques vis-à-vis de la banque centrale. Avec l'avènement de la crise ultérieure de la dette entraînant pour diverses raisons la crise économique, la plupart de ces pays vont se retrouver sous programme d'ajustement structurel, avec pour conséquence le renforcement de l'économie d'endettement, caractérisée par la prédominance de l'intermédiation et l'encadrement du crédit et des taux d'intérêt administrés. La mobilisation de l'épargne intérieure s'avère peu fructueuse, à cause de la précarité ambiante. Mais, des efforts doivent être poursuivis, avec patience et méthodes, en approfondissant des études afin d'intégrer les conditions de l'environnement. L'explosion de la micro finance a prouvé qu'il est possible de faire « bouger les lignes » en matière de mobilisation de l'épargne intérieure orientée vers l'investissement productif.

D'après les données de la Banque mondiale, les montants de la dette publique extérieure des pays en développement ont augmenté de 38,8% entre 2007 et 2012, en passant de 1 272 milliards à 1 766 milliards de dollars des États-Unis. Une analyse raffinée de ces données, notamment par le Comité pour l'annulation de la dette du Tiers-Monde (CADTM) sur la période 1985-2012, montre que les pouvoirs publics des pays en développement dans leur ensemble réalisent un transfert net négatif de ressources sur la dette extérieure. En d'autres termes, les sommes transférées aux créanciers du Nord par les débiteurs du Sud au titre de la dette extérieure sont en général supérieures à celles que ces pays en développement reçoivent.

5.1. Les sources de financement : créanciers multilatéraux, créanciers publics bilatéraux, créanciers privés

Trois sources principales de financement sont identifiables, correspondant à autant de types de créanciers, soit trois catégories de dettes, chacune d'elles étant assortie de caractéristiques spécifiques :

5.1.1. La dette multilatérale

Les créanciers multilatéraux sont les institutions financières internationales. Ce sont principalement

- le Fonds monétaire international (FMI) ;

- la Banque mondiale : elle intervient soit au travers de son guichet « doux », l'Association internationale de développement (AID), soit de son guichet « moins souple » qu'est la

Banque internationale pour la reconstruction et le développement (BIRD).

Alors que l'AID accorde des crédits à un taux d'intérêt faible de l'ordre de 1% et à une durée longue pouvant atteindre 40 ans assortis d'un différé substantiel, la BIRD prête aux pays membres éligibles à un taux proche de celui du marché des capitaux et à une durée moins longue. Au niveau du groupe de la Banque mondiale, l'AID finance en priorité les projets des pays dits moins avancés (PMA) tandis que la BIRD s'intéresse aux pays à revenu intermédiaire.

Qu'il s'agisse du FMI ou de la Banque mondiale, les financements sont assortis de conditionnalités auxquelles le pays débiteur est astreint.

Parmi les multilatéraux figurent également la Banque africaine de développement (BAD), le Fonds africain de développement (FAD), la Banque asiatique de développement, la Banque arabe pour le développement économique en Afrique (BADEA), la Banque européenne d'investissement (BEI), entre autres.

5.1.2. La dette bilatérale

La dette bilatérale est constituée des créances accordées par les créanciers bilatéraux officiels que sont les Etats (gouvernements ou leurs institutions compétentes, en l'occurrence les agences de crédit à l'exportation, notamment EXIMBANK, COFACE, HERMES ou DUCROIRE). Il convient de mentionner que le Club de Paris, sur lequel nous reviendrons plus loin, regroupe des créanciers bilatéraux officiels, qui détiennent la majorité des créances bilatérales officielles. Au cas par cas, possibilité est donnée aux autres créanciers bilatéraux officiels de prendre part aux sessions du Club de Paris.

Les créances bilatérales proviennent de deux types de financements :

- les crédits garantis par les gouvernements ou leurs institutions compétentes. Il s'agit dans la plupart des cas, des crédits commerciaux octroyés pour financer des importations du pays débiteur ;

- les prêts des gouvernements ou de leurs institutions compétentes au gouvernement ou aux entités publiques du pays débiteur. Les prêts du gouvernement peuvent être accordés aux conditions de l'« Aide publique au Développement » (APD) telle que définie par l'OCDE : il s'agit alors des prêts à taux d'intérêt faible destinés au développement du pays débiteur.

5.1.3. La dette privée ou commerciale

Tous les créanciers autres que multilatéraux et bilatéraux décrits plus haut sont des créanciers privés. Il s'agit essentiellement des fournisseurs, des banques commerciales et des porteurs obligataires.

Les pays en développement devraient innover dans les mécanismes de financement des projets. Une des approches novatrices consiste à combiner sources de financement publiques (État), multilatérales, des banques commerciales voire des groupes d'investisseurs privés : c'est ce qui est connu sous l'appellation « partenariat public-privé ou (PPP) ». Selon ce mode de financement, une autorité publique qui veut réaliser un projet de grande envergure dans l'intérêt des populations, va faire appel à des prestataires privés ; ceux-ci vont financer et gérer le projet. Le montage de l'opération permet à l'investisseur privé de récupérer ses fonds investis dans le projet au travers des paiements effectués par les usagers du service fourni par le projet ; la contribution des investisseurs privés peut ne couvrir qu'une partie du coût du projet, le reste étant apporté directement par l'État et d'autres bailleurs de fonds. Le contrat qui lie l'autorité publique au partenaire privé comporte entre autres les éléments suivants : le degré de participation de l'autorité publique au financement initial ou futur ; la durée et la nature du contrat ; le partage des risques entre le secteur privé et le secteur public ; les tâches requises dans l'exécution du projet ; les montages financiers.

Le PPP se fait souvent dans le domaine des infrastructures : ponts, routes, hôpitaux .... L'exemple de référence est le BOT, dont la signification en anglais est Build-Operate-Transfer, soit en français Construction-Exploitation-Transfert : le BOT est souvent pratiqué dans le secteur des télécommunications ; ainsi l'État permet à un opérateur privé de construire le réseau, de le gérer afin de récupérer sa mise, avant de le transférer au pouvoir public.

Le PPP comporte des avantages, notamment : le recours aux capitaux et au savoir-faire du secteur privé, la mise en place des conditions permettant d'optimiser le cycle de vie du projet, l'attention prioritaire portée sur les clients du service public, la recherche et la mise en œuvre de nouvelles opportunités. Comme inconvénients, il faut mentionner des coûts financiers et de transactions plus élevés ; une perception pas toujours positive des usagers par rapport aux péages routiers par exemple ; la structure contractuelle complexe des montages du PPP.

5.1.4. L'étude et le choix des offres de financement

Il arrive fréquemment, dans le cas des créanciers privés, que le pays débiteur reçoive plusieurs propositions de financement, venant de plusieurs créanciers potentiels. Il faut alors procéder à un choix, car la prudence veut que le pays débiteur, devant déjà penser à la charge du service de la dette, ne saute pas sur la première offre de financement qui lui est proposée. Il faut dans ce cas se donner un critère de comparaison des offres, afin de sélectionner la « meilleure ». Ce critère est généralement l'élément don. De quoi s'agit-il ?

Par construction, tout financement comporte un pourcentage de « libéralité » appelé « élément-don » (ed) ou « grant-élément » (ge), qui peut être calculé à partir des caractéristiques de l'offre de financement.

Formules de calcul :

Ed = 100 (E - VA)/E

$$VA = S_1/(1+t) + S_2/(1+t)^2 + S_3/(1+t)^3 + \ldots + S_p/(1+t)^p + \ldots + S_n/(1+t)^n,$$

Soit $VA = \sum_{p}^{n} S_p/(1+t)^p$, avec p = 1, 2, ……., n

Signification des paramètres utilisés :

E = montant du prêt, dans la devise d'emprunt ;

VA = valeur actualisée du prêt ;

S_p = montant (Intérêt + Amortissement, l'amortissement étant le paiement du principal du prêt) correspondant à la période p : ce montant résulte par calcul du Tableau d'amortissement du prêt ;

t = taux d'actualisation : c'est le taux d'escompte (TICR) ; en général, le taux d'escompte est le taux d'intérêt commercial de référence (TICR) adopté par les pays membres de l'Organisation de Coopération et le Développement économiques (OCDE) pour soutenir officiellement en toute transparence, les crédits à l'exportation de ses États membres.

Le TICR peut être considéré comme le taux d'intérêt qu'un pays débiteur aurait à payer s'il devait s'endetter dans une devise donnée aux conditions de marché prévalant dans le pays de la devise.

n = maturité (durée) du prêt : en cas de différé d'amortissement, le Tableau d'amortissement indique sur les différentes périodes (p) couvertes par le différé, des montants nuls au titre du paiement du principal ; donc, pendant le différé, le débiteur ne paie que des intérêts dus au créancier.

Interprétation des résultats :

À chaque offre de financement correspond un élément-don calculé, exprimé en pourcentages. Ainsi, lorsqu'on a à choisir entre plusieurs offres, on retiendra celle dont l'élément-don est le plus élevé. Dans la pratique parmi les créanciers, l'élément-don est plus élevé chez les créanciers bilatéraux, moins élevé chez les multilatéraux, davantage plus faible chez les créanciers privés.

Pour un prêt ou crédit donné, si le taux d'intérêt est inférieur au taux d'actualisation, la valeur actualisée (VA) de la dette qui en résulte est inférieure à la valeur faciale (E) du prêt ou du crédit. La différence entre les deux montants représente l'élément de libéralité de ce prêt ou crédit, encore appelé élément-don.

Le 11 octobre 2013, les conseils d'administration du FMI et de la Banque mondiale ont adopté pour les pays à faible revenu sous programmes approuvés par le FMI, un seul taux d'actualisation unifié. Ce taux, révisable sur la base des revues ultérieures, dont la prochaine était prévue pour 2015, est fixé à 5%.

Limites de l'approche utilisée :

Un peu comme la valeur nette actualisée (VAN) dans le choix des projets, l'élément-don est un instrument d'aide à la décision, en l'occurrence ici, le choix de l'offre censée être la plus financièrement intéressante. Mais pour des raisons liées aux mesures d'accompagnement ultérieures avantageuses garanties par le bailleur de fonds, le pays débiteur peut choisir une offre de financement n'ayant pas nécessairement l'élément-don le plus élevé ; cependant, le pays devrait faire preuve d'extrême prudence pour en avoir la certitude, afin d'éviter plus tard toute surprise désagréable.

Nous avons rappelé dans ce qui précède, que le pays en développement, dans la quête de son développement, va chercher en recourant au financement extérieur, c'est-à-dire à l'utilisation de l'épargne « des autres », à renforcer son épargne propre. Il lui faut donc élaborer au préalable un plan de développement économique et social assorti de programmes sectoriels de développement bien réfléchis. Chaque projet devrait faire l'objet d'étude approfondie, prenant en compte au moins trois préoccupations :

- un effort systématique d'intégration des paramètres et des facteurs caractéristiques à l'environnement du pays concerné, de manière à estimer avec le maximum de précision possible, les prix virtuels (« shadow prices »), devant être utilisés dans l'évaluation des différents projets à financer ;

- une analyse pragmatique de l'impact social de chaque projet, en procédant au cas par cas à une évaluation raffinée des différentes composantes de chaque projet ;

- une estimation aussi précise que possible, du schéma de répartition des revenus et avantages devant être générés par chaque projet objet de recherche de financement.

Il convient de relever que bien souvent, ces précautions ne sont pas suffisamment prises, alors qu'elles sont indispensables pour adapter chaque financement aux caractéristiques propres de chaque projet et vice versa. D'où l'existence des « éléphants blancs » qu'on déplore dans la plupart des pays en développement, et dont les conséquences seront abordées dans la partie que nous consacrons à la crise de la dette, au prochain chapitre.

5.2. Les procédures et mécanismes de mise à disposition des fonds par les créanciers

Entre le moment où le créancier et le débiteur potentiels tombent d'accord pour financer un projet identifié, étudié et soumis par le débiteur, et le décaissement effectif des fonds, il peut se passer plusieurs étapes : négociations, entrée en vigueur des accords négociés et signés, appels des fonds assortis de la non-objection du créancier. Le système de non-objection est surtout pratiqué par les créanciers multilatéraux, notamment le FMI, la Banque mondiale et la Banque africaine de développement. Les rôles sont ainsi distribués entre le pays débiteur et le créancier :

5.2.1. Les conditions préalables du côté du pays débiteur

- production des documents juridiques relatifs au prêt accordé par le créancier : avis juridique, textes officiels d'exécution du projet financé, etc. ;

- production des documents techniques : dépôt de signatures des responsables chargés de la gestion du projet ;

- informations générales sur l'endettement du pays, etc. ;

- mise en place des fonds de contrepartie, le cas échéant ;

- réalisations satisfaisantes des conditionnalités éventuelles.

5.2.2. Les conditions préalables du côté du créancier

- approbation de l'accord par les instances dirigeantes (conseil d'administration, département juridique, division des projets …) ;

- formalités de « blocage » des fonds : ouverture de compte au nom du débiteur au titre du prêt … ;

- approbation des procédures de passation des marchés d'exécution du projet objet du prêt.

Lorsque toutes les conditions sont remplies de part et d'autre, alors le créancier procède de manière progressive au décaissement des fonds en faveur des entreprises adjudicataires des marchés d'exécution du projet financé par le prêt. De manière générale, les fonds empruntés ne sont pas décaissés et virés directement dans les comptes du pays débiteur. Le rythme des décaissements est fonction du rythme d'exécution du projet concerné, le créancier disposant des moyens de suivi pour s'assurer de l'avancement satisfaisant des travaux. Les documents d'appels de fonds sont donc établis au niveau du projet, transmis aux autorités du pays débiteur qui les vérifie, les approuve le cas échéant et les transmet au créancier pour paiement, le compte du prêt étant géré par le créancier. En retour, le créancier informe les structures compétentes du pays débiteur une fois que chaque décaissement de fonds est effectué.

Exceptionnellement dans le cas des prêts privés, les fonds peuvent être décaissés en totalité et mis à la disposition du débiteur dans le compte qu'il aura pris soin d'ouvrir et d'en communiquer les coordonnées au créancier.

Ce sont les décaissements effectifs qui constituent l'encours de la dette du pays débiteur. À la date du dernier décaissement, le créancier et le débiteur conviennent du tableau d'amortissement. Il faut mentionner que le débiteur paie une commission sur le montant du prêt non encore décaissé : il convient donc d'accélérer les décaissements des fonds du prêt obtenu, pour éviter de faux frais.

La mobilisation de l'épargne intérieure au travers de l'émission des emprunts obligataires ou de la titrisation de la dette intérieure est une source de financement à explorer. Il en est de même de l'émission des emprunts obligataires au niveau sous-régional, voire continental.

Chapitre 6

L'impact de la dette extérieure sur les économies en développement

Sans exception, les pays en développement ont dès leur accession à la souveraineté, cherché à atteindre deux objectifs majeurs : une croissance économique forte et un développement durable. Pour ce faire, il leur a fallu disposer des moyens appropriés et déployer des stratégies aux fins d'orienter les politiques de développement économique. Face à l'insuffisance de l'épargne intérieure, ces pays ont inévitablement pour la plupart, eu recours au financement extérieur : ils se sont endettés pour financer leur développement. La crise de la dette du Tiers-Monde, qui se déclenche du fait de l'incapacité pour ces pays d'assurer leur service de la dette, va désormais faire de l'endettement extérieur un obstacle sur le sentier vers l'atteinte des objectifs initiaux prônés par chacun de ces pays.

6.1. Les facteurs explicatifs des évolutions de la dette des pays du Sud

Dès la fin des années 1960, la dette du Tiers-Monde a, selon les données publiées par « Alternatives économiques », connu une croissance vertigineuse, mue par deux facteurs essentiels : d'une part, la préoccupation noble des dirigeants de ces pays de faire accéder leurs populations à la modernité à un rythme accéléré ; de l'autre, la nouvelle situation de la plupart des pays industrialisés au terme de leurs trente glorieuses, caractérisée par l'essoufflement de l'économie d'endettement. Or les pays du Sud font face à des besoins énormes qu'ils doivent satisfaire, notamment en termes d'équipements ainsi que de produits et services. Cette double situation des pays du Nord et du Sud va favoriser les exportations des premiers vers les seconds, ce qui va donc contribuer à la relance de l'économie mondiale. Mais les pays du Sud n'ont pas assez de ressources financières pour acquérir les différents biens et services requis dans l'atteinte de leurs objectifs de développement. Deux processus successifs vont jouer en faveur de la relance : les deux chocs pétroliers des années 1970 et la modification de la politique monétaire des États-Unis d'Amérique, qui impactent sur l'évolution des taux d'intérêt et du dollar.

S'agissant du premier processus : le premier choc pétrolier de 1973, qui sera suivi du second en 1979 à la faveur de la révolution iranienne, va dévoiler d'importants volumes de rentes pétrolières en mal de placement sur le marché des eurodollars ; les grandes banques vont s'en servir pour financer d'importants programmes de développement des pays du Sud ; les disponibilités financières des banques vont constituer des sources de crédits des pays pauvres, ce qui constitue un moyen pour ces banques de maximiser leurs profits à long terme, en même temps qu'elles faciliteront la conquête de nouveaux espaces commerciaux aux entreprises multinationales. Les crédits sont octroyés aux pays pauvres à des conditions favorables, notamment des taux d'intérêt bas, mais variables. On assiste à une explosion fulgurante de la dette du Tiers-Monde, qui passe de 50 milliards de dollars des États-Unis dans les années 1960 à environ 500 milliards au début des années 1980.

C'est justement au début des années 1980 que se déclenche le second processus : la modification de leur politique monétaire par les autorités américaines. L'énorme déficit budgétaire des États-Unis va bénéficier du financement issu de l'épargne mondiale, dont une partie provient des pays du Tiers-Monde. Pour ce faire, la Federal Reserve Bank (la Fed) va prendre deux décisions unilatérales : d'abord, le taux d'intérêt de base américain, élément de référence aux autres régions économiques du monde, va doubler en quelques mois ; la valeur du dollar va augmenter, en passant de 4,75 francs français en 1980 à 11 francs français en 1984. Ces mesures tombent comme un véritable coup de massue sur les pays du Tiers-Monde, au moment où ils doivent amorcer le remboursement de leurs dettes, assorties de taux d'intérêt variables. D'où l'explosion du service de la dette, ce qui entraîne la crise de la dette, dont une des manifestations est la cessation de paiements du Mexique et du Brésil en 1982.

L'alerte est lancée au niveau des grandes banques et des institutions financières internationales, aux fins de juguler la crise et éviter sa propagation. Des mesures draconiennes sont prises et mises en œuvre :

- le blocage des crédits au Tiers-Monde ;

- la mise en place de programmes de stabilisation, puis d'ajustements structurels ;

- l'intervention plus directe des États créanciers dans la gestion de la dette du Tiers-Monde ;

- la financiarisation des économies « émergentes ».

Ces mesures vont donner lieu à trois conséquences majeures, dès le milieu des années 1980 :

Première conséquence : l'économie américaine se revigore, avec le dollar, devenu monnaie de référence internationale depuis la fin en 1971 de l'étalon or, davantage plus fort. Le taux d'intérêt réel reste élevé du fait de la hausse du taux de base et de la faiblesse de l'inflation ; l'épargne mondiale afflue sur le long terme. Dès 1984, le déficit budgétaire et les dépenses militaires des États-Unis sont financés à plus de 50% par le reste du monde. En 1987, les dépenses militaires avoisinent les 300 milliards de dollars, aggravées notamment par la « guerre des étoiles » ; le déficit du budget militaire est alors financé à plus de 80% par l'Allemagne et le Japon. Un des impacts favorables est la forte progression de la recherche scientifique, dont les résultats sont aussitôt diffusés à l'économie civile, en l'occurrence dans les domaines de l'électronique, de l'informatique, des satellites et du multimédia. Il en est résulté davantage de suprématie américaine dans les domaines de la « nouvelle économie » ; en ce moment, l'Europe et le Japon perdent de leur compétitivité, le bloc soviétique s'effondre et le Tiers-Monde est absolument empêtré dans l'économie d'endettement : il s'agit d'un système financier dans lequel la finance indirecte prédomine ; cette prédominance peut se présenter sous la forme d'un financement par le crédit, nécessitant l'intervention d'un processus d'intermédiation financière et l'établissement de relations bilatérales individualisées entre les banques et leurs clients ; il va sans dire que les banques prennent toutes les mesures afin de minimiser le risque. « Dans une économie d'endettement, la banque centrale est le prêteur en dernier ressort contraint d'assurer le bouclage du financement de l'économie ; par contre dans une économie de marché, l'intervention du prêteur en dernier ressort reste arbitraire »[14]. En 2002, selon les chiffres de l'économie 2001-2002 (Alternatives économiques), huit des dix premières entreprises mondiales par la capitalisation boursière sont américaines, et il en est de même de 48% des 500 premières entreprises du monde.

Deuxième conséquence : le sauvetage du système financier mondial et plus particulièrement des banques est assuré. Les banques ont suffisamment provisionné et transformé la structure de l'endettement du Tiers-Monde afin de se prémunir contre tout risque futur ; par ailleurs, elles

[14] Alternatives économiques, hors-série N°50, 4ème trimestre 2001.

renforcent leur confiance en l'avenir au travers entre autres, des actions suivantes : rééchelonnements de dettes (Club de Paris ou Club de Londres), échanges de titres et de créances sur le marché secondaire, conversion de dettes en actifs d'entreprises privatisées, transformations de dettes privées en dettes publiques sous couvert de garanties étatiques. La part des banques se trouve ainsi en baisse dans l'endettement ; par contre, on enregistre une augmentation de la part des créanciers privés, se présentant notamment sous la forme d'obligations. Ces obligations sont essentiellement concentrées sur six pays : l'Argentine, le Mexique, le Brésil, l'Inde, la Turquie, la Corée du Sud. Il en résulte que le service de la « dette obligataire »représente plus d'un tiers de la dette des pays à revenu intermédiaire, et plus de 50% pour le Brésil et le Mexique. En même temps, d'autres marchés, notamment financiers, leur sont ouverts : il en est ainsi évidemment du marché américain, mais aussi de toutes les nouvelles places financières des pays « émergents », où les rendements affichent des taux très avantageux. Comme on le remarque aisément, l'endettement des pays du Sud voit sa structure profondément modifiée : l'endettement bancaire a cédé la place à un endettement financier.

Troisième conséquence : le fardeau de l'économie d'endettement des pays du Tiers-Monde ne cesse de s'alourdir, tant au niveau du service de la dette que de son stock. La dette devient véritablement un problème, un obstacle au développement de cette économie d'endettement. Malgré l'ajustement structurel mis en œuvre, les améliorations sont de loin marginales, et on est même parfois tenté de se demander si l'ajustement structurel n'a pas plutôt contribué à aggraver la situation. Les chiffres sont préoccupants :

- le volume de la dette enfle à un rythme annuel moyen de 8%, largement au-dessus du taux de croissance des investissements, de la production, voire des exportations ;

- en 2002, on estime que les pays du Sud auraient remboursé plus de 3 450 milliards de dollars entre 1981 et 2000, soit six fois la dette qu'ils devaient en 1981 ; mais ils sont cinq fois plus endettés qu'au début des années 1980. Au début du 21ème siècle, la dette des pays du Tiers-Monde atteint un montant global de 2 500 milliards de dollars, soit son niveau des années 1960 multiplié par 50. Si on intègre à ces chiffres, ceux relatifs à la dette des pays de l'Est, qui avec 800 milliards de dollars s'enfoncent inexorablement dans la spirale infernale de la dette, on mesure l'état catastrophique des économies d'endettement des pays du Tiers-Monde ;

- pour rembourser leur dette, les pays du Sud devaient consacrer 8,4% de leurs exportations annuelles en 1970. Au début du 21ème siècle, ils doivent y affecter 37,4% de leurs exportations, alors que celles-ci ont par ailleurs perdu quelque 50% de leur valeur par rapport aux années 1980.

Au total, il ressort de l'examen des trois conséquences qui précèdent que le système financier international n'a pas pu mettre fin à la dette du Tiers-Monde. Il a plutôt procédé à une réorganisation de l'économie d'endettement dans ses relations avec les pays du Sud et de l'Est de la planète, de manière à y installer un système « usurier » mondial ; il a sécurisé la gestion de ce système par les banques commerciales.

6.2. Les leçons des évolutions erratiques de l'endettement international

À la lumière de l'état de la dette extérieure des pays en développement, il est tentant de conclure que l'économie d'endettement dans laquelle se trouvent les pays du

Sud, est tout simplement un piège, dont il faut sortir le plus rapidement possible. En effet, tous les pays du Sud, dont ceux d'Afrique, ont vu leur PIB chuter de manière brutale, et tendre vers des niveaux proches de ceux des années 1960.

Entre-temps, ils ont vu leurs populations doubler ou tripler, ce qui a contribué à une baisse drastique de leur pouvoir d'achat. Ainsi des milliards d'êtres humains se sont retrouvés dans une misère de plus en plus insupportable, résultante des facteurs aggravants que sont les épidémies, les famines et autres conflits terrifiants indignes de la mondialisation. Il se trouve que les efforts jusque-là fournis par la communauté internationale, notamment en termes d'annulations de dettes, sont encore en deçà de l'ampleur des dettes contractées par les pays du Sud et de la faiblesse de leurs ressources mobilisables. S'inspirant des exemples d'annulations de dettes dans l'histoire (annulation de la moitié de la dette allemande par les Alliés en 1953, annulation par l'Amérique de la dette bilatérale de l'Égypte pour son appui lors de la guerre du Golfe, ainsi que pour la Pologne), les altermondialistes interpellent les grandes banques internationales : celles-ci ont réalisé d'importantes plus-values sur les pays du Sud pendant les périodes des vaches maigres ayant suivi les trente glorieuses ; il serait temps que ces banques « renvoient l'ascenseur ». Mais des travaux et réflexions théoriques et empiriques ont montré que la relation entre l'endettement international et le développement requiert une analyse approfondie, de manière à mieux cerner les responsabilités des différents acteurs.

Approche théorique : la relation entre la dette extérieure et la croissance économique ou par déduction le développement a souvent nourri des débats entre économistes, selon deux principaux courants opposés de pensée, que sont le keynésianisme et le courant néoclassique.

Selon la logique keynésienne, l'augmentation des dettes publiques a un impact positif sur la croissance : un endettement public est nécessaire pour la relance économique. Pour les adeptes de cette théorie, pour que l'endettement extérieur puisse affermir la croissance dans les pays en développement, il faudrait que les prêts contractés soient contenus dans des limites raisonnables. Autrement dit, l'endettement international a un impact positif sur la croissance, à condition que sa mise en œuvre respecte des dispositions préalables, qui doivent être soigneusement mises en place, en toute compatibilité avec les caractéristiques du pays et des projets bénéficiaires du financement obtenu. Selon Rina et al (2004), la dette extérieure comporte le potentiel requis pour stimuler la croissance économique, si cette dette sert à financer des investissements. Il convient donc de définir un seuil d'endettement au-delà duquel la dette influence négativement la croissance. Si le rendement du capital baisse, les avantages de tout nouvel investissement sur la croissance économique pourraient diminuer à mesure que la dette augmente. Cette théorie donne lieu à une relation en forme de « courbe de Laffer[15] » entre la dette extérieure d'une part et la croissance du revenu par habitant d'autre part.

Pour le courant néoclassique, l'endettement est assimilé à un impôt futur. De nombreuses études théoriques sur la relation entre la dette extérieure et la croissance économique mettent l'accent sur les effets négatifs du surendettement. Ainsi pour Krugman (1988) et Sachs (1989), une dette élevée est plus tard nuisible à la croissance, car elle finit par décourager les investissements. D'après ces auteurs, lorsque la dette excède les ressources internes d'un pays, celui-ci risque de ne pas rembourser les emprunts antérieurs, ce qui aura un effet dissuasif sur les créanciers et les investisseurs potentiels. De leur côté, Oks et Wijnbergen (1995), estiment qu'un endettement rapide peut avoir pour conséquence d'accélérer la fuite des capitaux lorsque le secteur privé craint

[15] La courbe de Laffer est une modélisation économique des économistes de l'offre (dont en particulier l'Américain Arthur Laffer) fondée sur l'idée que la relation positive entre croissance du taux d'imposition et croissance des recettes de l'État s'inverse lorsque le taux d'imposition devient trop élevé.

une dévaluation de la monnaie ou des hausses d'impôts visant à assurer le service de la dette.

Dans l'ensemble, les différentes études visitées tendent à reconnaître que l'emprunt extérieur a un impact positif sur la croissance jusqu'à un certain seuil, au-delà duquel cet effet devient négatif. Pour illustrer ce double effet positif et négatif selon le cas de l'emprunt extérieur, Cohen (1993) s'inspire de la « courbe de Laffer » : selon cette courbe, au fur et à mesure que l'encours de la dette évolue, la probabilité de son remboursement devient de plus en plus faible. L'augmentation de la valeur nominale de la dette s'accompagne de celle des anticipations de remboursement, comme l'indique la partie ascendante de la courbe. L'accroissement de la dette a pour effet de réduire ces anticipations, ce qui est illustré par la partie descendante de la courbe.

Approche empirique : à partir des données empiriques et moyennant diverses méthodes économétriques d'estimation, des travaux ont permis de conclure que la dette extérieure devrait avoir un impact global négatif sur la croissance économique et partant sur le développement, lorsque : soit le ratio dette/exportations se situe entre 160% et 170% en valeur actualisée nette ; soit le ratio dette/PIB est entre 36% et 40%.

L'étude d'un cas concret[16], sur les États membres de l'Union économique et monétaire ouest-africaine (UEMOA) réalisée en 2013 par cette organisation sous-régionale, a permis d'obtenir des résultats empiriques dignes d'intérêt :

- les données sont constituées de séries chronologiques de la dette des États de l'UEMOA, sur la période 1985-2010 ;

- l'étude repose sur une modélisation en données de panel ;

---

[16] Dette extérieure et qualité des institutions, Impact sur la croissance économique : cas de l'UEMOA, juillet 2013.

- des éléments tels que la croissance, le revenu par habitant, le niveau d'éducation, le taux d'investissement et l'ouverture commerciale ont été pris en compte ;

- l'étude s'est intéressée à l'impact de la dette extérieure sur la croissance économique d'une part, et sur l'importance des institutions dans la promotion de la croissance économique d'autre part.

Ces travaux, combinés avec d'autres analyses, notamment par la méthode des moments généralisés[17] sur l'effet croisé dette extérieure-croissance économique-investissements dans les PPTE africains, sont parvenus aux principales conclusions suivantes :

Relation entre dette extérieure et croissance économique

- la dette extérieure a des effets non linéaires et significatifs sur la croissance économique : il existe un seuil d'endettement, soit 51% du ratio d'endettement (dette/PIB en %) ; au-delà de ce seuil, toute accumulation de la dette extérieure constitue un obstacle pour la croissance économique de la zone UEMOA ; ce seuil est clairement présenté par une courbe en « U » inversé, construit dans le plan à deux dimensions avec en abscisses le ratio dette/PIB en %, et en ordonnées la croissance économique : le point d'inflexion de la courbe se situe au niveau de l'abscisse 51% ;

- pour le cas spécifique des PPTE africains, il y a absence de relation non linéaire entre dette extérieure et croissance des pays pauvres, de sorte qu'il est difficile de déterminer un seuil standard et critique de la dette qui induirait une

[17] Les effets de la dette extérieure sur la croissance et les investissements dans les PPTE africains : analyse par la méthode des moments généralisés, Université de Kinshasa, Alain Konso Bola, Pr. Kintambu Mfuku, 2005.

croissance négative pour les PPTE. Cependant, de manière générale, un niveau excessif du stock de la dette entrave inévitablement la croissance durable à un certain stade de développement économique ;

- la conséquence du niveau de la dette hypothétique à la croissance pour un pays donné, ne relève pas d'une cause commune à tous les pays pauvres, elle est plutôt fonction des spécificités propres à chacun d'eux : réalités économiques, distorsions propres au pays, politique d'endettement mise en œuvre. L'endettement international n'est donc pas en soi un mal, mais le problème se situerait au niveau de sa nature (composition, conditions financières, etc.) et de sa gestion ;

- l'effet d'éviction du service de la dette des PPTE Africains sur l'investissement existe, mais de faible ampleur : pour chaque point d'augmentation du service de la dette, les investissements des PPTE décroissent en général de 0,01 point de pourcentage du PIB.

Relation entre qualité des institutions et croissance économique

Il existe une relation de long terme entre la croissance économique, la dette extérieure et la qualité des institutions :

- le modèle a permis de fournir une réponse positive à la question de savoir si la dette extérieure et la qualité des institutions favorisent la marche vers une croissance économique soutenue et un développement durable au sein de l'UEMOA ;

- plusieurs auteurs ont eu à s'intéresser à l'importance des institutions dans la promotion de la croissance économique : Keefer (1995), Hell et Jones (1999), Acemoglu, Johnson et Robinson (2001), Douglass North (1990), Daron, Acemoglu et al. (2005) estiment que les institutions sont « les règles du jeu » dans une société, elles sont les contraintes élaborées par l'homme pour façonner les interactions humaines. Ces auteurs retiennent trois critères pour l'identification des « bonnes » institutions : la protection des droits de propriété, la limitation du pouvoir des élites et la promotion de l'égalité des chances entre individus. S'agissant des pays de l'UEMOA, il est établi que la qualité des institutions est fondamentale pour l'amélioration de la croissance économique. Ces institutions sont appelées à opérer une véritable mue en vue d'un saut qualitatif au travers des mesures portant sur : la lutte contre la corruption, la stabilité des gouvernements, la réduction de l'influence militaire et de la religion sur la politique.

Par rapport à la qualité des institutions et à la liberté d'entreprendre, les pays en développement sont particulièrement interpellés par Barack OBAMA[18] : « Alors ne vous y trompez pas : l'histoire est du côté de ces courageux Africains, et non dans le camp de ceux qui se servent de coups d'État ou qui modifient les constitutions pour rester au pouvoir. L'Afrique n'a pas besoin d'hommes forts, mais de fortes institutions » ; et Adam SMITH[19] : « L'effort naturel par lequel chaque individu cherche à améliorer sa propre condition, lorsqu'on lui permet de l'exercer librement et en toute sécurité, est un principe si puissant qu'à lui seul et sans aucune assistance, il est capable [...] de conduire la société à la richesse et à la prospérité ».

Nous pouvons maintenant nous intéresser aux stratégies ainsi qu'aux mécanismes de gestion de la dette publique en général, et de la dette extérieure en particulier. Ici également, la qualité des institutions requiert notre attention.

[18] Président des États-Unis d'Amérique, Discours devant le parlement du Ghana, Accra, 11 juillet 2009.
[19] Économiste britannique, 1776.

Quatrième partie

Les stratégies de gestion de la dette

Chapitre 7

Les structures et les mécanismes de gestion de la dette

Chaque pays en développement se doit de rechercher en permanence, des voies et moyens pour atteindre ses objectifs de développement préalablement définis. Face à l'insuffisance de l'épargne intérieure, l'Etat recourt aux emprunts extérieurs, dont il doit intégrer la charge du service de la dette dans son budget, en prenant soin de rester dans les limites de sa capacité d'endettement. La politique d'endettement de l'État doit dès lors s'appuyer sur des institutions fortes et des stratégies assorties de mécanismes de gestion efficaces.

7.1. Définir et mettre en œuvre une politique d'endettement dynamique

Le processus d'engagement de l'État auprès des partenaires techniques et financiers doit obéir à une discipline reconnue et respectée par tous les acteurs assumant des responsabilités dans ce domaine. D'où la création du Comité national de financement du développement (CNFD) placé sous l'autorité du chef de gouvernement. C'est un comité restreint, auquel siègent d'une part les ministres en charge des finances, de l'économie et du commerce, et d'autre part deux représentants du secteur privé. Il aura pour rôles, de :

- définir et veiller à la mise en œuvre de la politique d'endettement intérieur et extérieur de l'État destiné au financement des projets d'investissement public ;

- donner des orientations en matière de qualité du portefeuille d'emprunts publics ;

- fixer les plafonds d'emprunts intérieurs et extérieurs de l'État ;

- donner des orientations en matière de partenariat public et privé (PPP) dans le cadre du financement des projets d'investissement ;

- approuver le programme annuel de renforcement des capacités dans le domaine du financement de l'investissement public.

7.2. Mettre en place une institution de gestion de la dette adéquate

La gestion de la dette a des exigences propres, qui enseignent de ne pas confondre le paiement des échéances de la dette publique à celui des factures des fournisseurs : la date d'échéance doit être strictement respectée, afin de ne pas induire des pénalités de retard à la charge des finances publiques ; de la part d'un pays débiteur, l'accumulation des arriérés est pour les créanciers en général et la communauté financière internationale en particulier, un très mauvais signal de perte de crédibilité. Il faut donc que l'institution en charge de la gestion de la dette de l'État bénéficie des caractéristiques fortes, dont :

- l'autonomie dans les contacts avec les créanciers tant en ce qui concerne les appels des fonds d'emprunts (décaissements), que du respect du service de la dette (remboursement) ;

- un personnel peu nombreux hautement qualifié, bénéficiant d'un niveau de rémunération conséquent, en rapport avec le rendement et la productivité, sur la base des capacités financières de l'État concerné ;

- une vigilance accrue en matière d'adéquation prêt-projet : chaque prêt négocié et obtenu par l'État doit être assorti de conditions compatibles avec les caractéristiques du projet qu'il finance ; la durée d'un prêt doit être supérieure au délai d'exécution du projet financé par ce prêt, en respect du principe selon lequel chaque projet devrait générer ou contribuer à générer des ressources permettant d'assurer le service de la dette issu des prêts qui l'auront financé ; le taux d'intérêt du prêt doit être négocié dans le même esprit, il doit de préférence être fixe, avec possibilité de swap ;

- un système d'information des usagers sur le niveau de traitement de leurs dossiers au sein de l'institution doit être soigneusement défini et fonctionnel : privilégier le courrier (lettre, e-mail) pour ceux dont les adresses sont exigées, obtenues et enregistrées ; et un point d'information à l'accueil de l'institution pour ceux des usagers ne disposant pas d'adresse. Mais tout doit être fait pour informer tous les usagers selon la première procédure ;

- le non-suivi de dossier par les usagers dans les services de l'institution : éviter tout contact physique entre usagers et personnels en charge de traitement des dossiers au sein de l'institution ;

- la définition d'un délai de traitement de tout dossier qui entre dans l'institution : tout usager doit être informé du délai de traitement de son dossier au sein de l'institution, avant l'expiration duquel il est informé par écrit de tout rejet éventuel.

Il est important d'insister sur le fait que l'autonomie dont bénéficie l'institution en charge de la gestion de la dette publique doit avoir pour exigence absolue, bonne gouvernance et crédibilité sans faille. Il est regrettable que dans certains pays cette exigence soit parfois perdue de vue, l'institution devenant un marché informel entre usagers et personnels de l'institution, transformant celle-ci en « temple de corruption ». La situation est davantage aggravée, lorsque la gestion de la dette publique est « noyée » au sein de l'administration « habituelle » de l'État concerné : à ce niveau, il est encore plus difficile de placer des « garde-fous », face à une bureaucratie envahissante et réfractaire ;

- la mise à disposition des fonds dans le budget de l'institution, lui permettant d'assurer le service de la dette en procédant au paiement à temps des échéances dues : sur cet aspect, nous avons connu des situations où il fallait pratiquement pour l'institution en charge de la gestion de la dette publique, négocier avec les services du Trésor public à chaque échéance ; dans certains cas, la priorité de règlement de l'échéance étant pour des raisons propres au Trésor public, relayée au second plan au profit des fournisseurs, l'accumulation des arriérés devenait inévitable du côté du service de la dette, avec pour corollaire le paiement ultérieur des intérêts de retard[20] ;

- le renforcement des capacités des personnels afin de maintenir un niveau élevé des compétences à négocier avec les créanciers, collaborer et former les responsables des projets financés sur fonds d'emprunts publics, mobiliser l'épargne intérieure ;

- une parfaite maîtrise des procédures des créanciers (multilatéraux, bilatéraux, banques commerciales) et de traitement de la dette extérieure (club de Paris, club de Londres…).

L'institution en charge de la gestion de la dette publique doit élaborer et mettre à la disposition de son personnel, un manuel de procédures suffisamment détaillées et régulièrement mises à jour. Le système informatique de gestion de la dette doit être performant et régulièrement mis à jour.

---

[20] Les créanciers attachent beaucoup d'importance au paiement à temps des échéances, les intérêts en priorité.

Chapitre 8

La recherche de solutions aux problèmes de la dette

Les pays en développement sont appelés à résoudre l'épineuse équation du développement. Dans chacun de ces pays, l'État est le principal acteur en matière de développement. Il apparaît comme le chef d'un grand chantier dont il ne maîtrise pas toujours toutes les ficelles, mais dont il doit assurer la réalisation. Il fait face à trois catégories de problèmes à résoudre :

- la complexité du chantier : chaque secteur d'activité a ses spécificités, les réalités régionales doivent être prises en compte, des cas d'urgence sont multiples ;

- le faible niveau de l'épargne intérieure : les populations pour la plupart vivent au jour le jour, les activités financières se traitent généralement dans l'informel ; les épargnants font peu confiance à l'État et le niveau d'épargne est insuffisant pour appuyer les actions de l'État de manière décisive ;

- l'Etat a besoin d'un montant minimum de ressources pour financer des projets de développement : le budget de l'État est loin d'en dégager, d'où la nécessité pour l'Etat de recourir aux emprunts extérieurs.

Si dans le processus d'endettement certaines précautions ne sont pas prises pour intégrer la capacité du pays à faire face au service de la dette et tenir compte de l'évolution de l'environnement, une situation de crise d'endettement peut s'installer. À des degrés divers, presque tous les pays en développement ont connu ou sont dans une crise d'endettement, surtout après 1982, année de déclenchement de la crise de liquidité du Mexique, alors dans l'impossibilité d'assurer son service de la dette.

8.1. Les causes de la crise d'endettement

Sur le plan global, la crise d'endettement est née en 1982 d'une perte de confiance dans les pays débiteurs et de la réduction conséquente des crédits commerciaux. Au niveau de chaque pays en développement, cette crise résulte d'une combinaison de facteurs internes et externes. Il en résulte donc une manifestation de la crise.

8.1.1. Les manifestations de la crise

- accumulation des arriérés du service de la dette ;

- détérioration des ratios d'endettement extérieur (service de la dette/exportations supérieur à 30% ; dette/exportations supérieur à 100%, etc.).

8.1.2. Les causes internes

- grèves sociales : les grèves ont pour effet de retarder le développement économique en empêchant l'appareil de production de fonctionner normalement ;

- absence d'ajustement durable ou de réformes structurelles adéquates ;

- politique d'endettement et de gestion de la dette imprudente : excès d'optimisme (à la limite de la démagogie) de la part du pays emprunteur, par rapport aux perspectives de recettes d'exportation permettant d'asseoir et maîtriser le profil du service de la dette ; le pays peut également être encouragé dans cet optimisme par le créancier potentiel, en quête de placement de ses fonds. Ce genre de complicité a été relevé s'agissant des pétrodollars dans les années 1970 ;

- absence d'une gestion prudente de la composition en devises de la dette extérieure ;

- mauvaise association prêt/projet : cas notamment d'incompatibilité en termes de durée, de sorte qu'un prêt à court terme finance un projet à long terme, ce qui signifie que les premières échéances tout au moins, vont tomber avant la maturité du projet.

8.1.3. Les causes externes

- chocs extérieurs : détérioration des termes de l'échange (certains pays ont vu leurs recettes d'exportation chuter de 2/3 au moins) ; mauvaises conditions climatiques, etc. ;

- politique de prêt de la plupart des créanciers : particulièrement, l'octroi des prêts assortis des taux d'intérêt commerciaux et des périodes de remboursement courtes ;

- conseils de certains bailleurs de fonds, voire des cabinets d'études en matière de financement du développement.

Certaines des causes, notamment 8.1.2 (imprudence en matière de politique et de gestion de la dette ; composition inadéquate en devises du portefeuille de la dette) et 8.1.3 (conseils des bailleurs de fonds) sont à la fois imputables au créancier et au débiteur. Tous ces facteurs ont pour conséquences d'augmenter le poids de la dette et de rendre la gestion de celle-ci plus complexe.

8.2. L'analyse critique des solutions de la crise d'endettement

Au départ et pendant longtemps considéré à juste titre (logique keynésienne) comme un facteur de développement économique, l'endettement s'est avéré par la suite être un élément perturbateur capable de déclencher des crises économiques de longue durée. L'examen des causes d'endettement nous a permis de poser le diagnostic de la crise d'endettement. Nous avons également dans cet examen, relevé au passage que les responsabilités sont partagées entre les créanciers et les débiteurs. Les efforts seront aussi partagés entre les uns et les autres, dans la recherche et la mise en œuvre des solutions. Celles-ci sont nombreuses et variées, nous allons en indiquer quelques-unes, en explicitant respectivement les avantages et les inconvénients.

Globalement, la crise d'endettement va de pair avec la crise économique : la solution idoine aux difficultés économiques réside dans l'amélioration de la croissance économique, dont il est avantageux, pour un pays en développement, qu'elle affiche un taux supérieur à celui de la croissance démographique ; l'idéal est que ce taux soit à deux chiffres. Face à la crise d'endettement, des actions adéquates doivent être menées de manière concertée, au niveau des réformes économiques et dans le cadre de la restructuration de la dette.

8.2.1. Les réformes économiques

La crise d'endettement interpelle l'ensemble de l'économie, dont les fondamentaux se trouvent ainsi ébranlés. Il devient donc impératif de revoir de manière rationnelle tous les équilibres de tout l'édifice, dans le cadre d'un programme d'ajustement structurel appuyé par le Fonds monétaire international et la Banque mondiale. Ce programme doit permettre au pays concerné de retrouver la stabilité de la balance des paiements, avec une croissance économique durable. Deux séries de mesures devront être mises en œuvre :

Mesures de stabilisation macro-économique : rétablissement à court terme de l'équilibre extérieur des finances publiques, ce qui induit une plus grande austérité budgétaire, pouvant se traduire par la baisse de la masse salariale des personnels de l'administration, la réduction des investissements publics et de certaines dépenses sociales ;

Mesures de réforme structurelle : la réforme structurelle a pour finalité de procéder à une meilleure allocation des ressources dans un cadre de promotion du secteur privé et de plus grande libéralisation tant à l'intérieur que vers l'extérieur. Il en résulte notamment la nécessité d'assainissement des entreprises publiques au sens large, et du secteur bancaire ; la réforme des incitations à l'investissement par la révision du code ou de la charte des investissements ; dans le domaine de la monnaie nationale, la réforme pourrait se traduire par la dévaluation de celle-ci ; le secteur agricole devrait bénéficier de l'amélioration du prix au producteur.

Toutes ces mesures ne vont pas s'exécuter sans obstacle, à cause notamment des coûts sociaux qu'elles engendrent : baisse du pouvoir d'achat du fait des politiques déflationnistes, aggravation du chômage causée par la récession économique et la réforme du Code du travail, marginalisation des catégories sociales les plus pauvres face à la libéralisation de l'économie. Certaines catégories socioprofessionnelles chercheront aussi à s'accrocher à des avantages acquis, ce qui constituera un autre type d'obstacle à franchir dans la recherche du succès du programme d'ajustement structurel. Les différents acteurs sociaux devront être invités dans le cadre d'un dialogue constructif, à une plus grande concertation afin d'éviter des tensions sociales et politiques telles que grèves, émeutes de la faim et revendications diverses.

Pour souligner l'importance des réformes, il va de soi que les changements structurels en appui à une croissance économique de long terme ne sont pas seulement l'affaire des pays en développement, mais ils doivent aussi préoccuper les acteurs politiques dans les pays industrialisés. Tout le monde acquiert donc de l'expérience résultant des composantes communes de toutes les stratégies d'ajustement réussies. Il en est ainsi des trois domaines que sont :

Inflation et balance des paiements : dans les pays où l'inflation et le déséquilibre de la balance des paiements sont préoccupants, il est difficile de réaliser l'ajustement orienté vers la croissance économique. Il faut malgré tout entreprendre des efforts de stabilisation dans le cadre d'un programme d'ajustement permettant une croissance durable. En cas de nécessité de réduction des charges du gouvernement, celle-ci doit s'opérer de manière sélective, avec pour objectif de protéger les investissements susceptibles de booster la croissance et soutenir les programmes qui en ont le plus besoin.

Équilibre macroéconomique et niveau de la production : pour réussir, un programme d'ajustement doit réaliser un équilibre macroéconomique approprié et en même temps, relever le niveau de la production sur la base des ressources existantes. Dans beaucoup de pays, la production est souvent menacée par la distorsion des prix des facteurs et des biens, des mesures incitatives en faveur des industries locales non compétitives tournées vers le marché intérieur, constituant ainsi un frein à l'exportation. Inverser ce genre de situation est une condition *sine qua non* de tout programme d'ajustement orienté vers la croissance économique.

Financement accru de l'investissement : afin de financer le maximum d'investissement requis nécessaire à une croissance durable, il faut à la fois mobiliser l'épargne intérieure et obtenir des ressources additionnelles de l'extérieur. L'investissement direct étranger (IDE) est un facteur indispensable dans la promotion de la croissance économique, raison pour laquelle le rapport annuel « Doing Business » de la Banque mondiale ne cesse d'attirer l'attention sur les mesures incitatives y relatives ; dans les pays à revenu intermédiaire, l'emprunt extérieur additionnel assorti de conditions commerciales, s'il est utilisé efficacement, est capable de stimuler la croissance de la production, et par ricochet, renforcer la capacité de ces pays à assurer leur service de la dette. Par contre, les pays à faible revenu ne peuvent accroître leur capacité dans ce domaine qu'avec l'appui des financements concessionnels[21].

Des contributions substantielles complémentaires sont hautement attendues des pays industrialisés, des banques commerciales ainsi que des institutions financières de développement, pour l'émergence d'un nouveau potentiel de croissance dans les pays appelés à fournir des efforts héroïques d'ajustement structurel. La mise en œuvre des programmes d'ajustement structurel appropriés exige de la part des pays en développement, un soin particulier pour les pauvres, ce qui justifie l'inclusion dans ces programmes, de la dimension sociale de l'ajustement (DSA), avec l'appui des partenaires techniques, économiques et financiers au développement (PTEF).

Les réformes orientées vers la croissance économique ne sont ni un « gadget » ni une « promenade de santé ». Comme le disait si bien Michel Camdessus[22] en 1987, alors Directeur général du FMI, « aucune croissance n'est automatique, il faut ajuster à temps et dans les délais, prendre soin de la qualité de l'ajustement ». En conséquence, trois domaines méritent une attention particulière :

Renforcement de la capacité d'exportation, de l'épargne et de l'efficience économique : ce renforcement doit résulter au niveau des pays en développement des projets d'investissement de grande qualité, des politiques macroéconomiques structurelles orientées vers la croissance et des apports financiers adéquats de la part des créanciers. Les marchés des pays industrialisés doivent être ouverts aux produits d'exportation des pays en développement ; les régimes de taux d'intérêt et de change doivent être aménagés

[21] Financement assorti d'un élément- don au moins égal à 25%.

[22] Proceedings of a symposium held in Washington, D. C., February 25-27, on Growth-oriented adjustment programs, IMF/World Bank.

en tenant compte de la situation des pays en développement sous ajustement structurel.

Caractéristiques de succès d'un programme d'ajustement structurel orienté vers la croissance : il ne saurait y avoir un programme type pour tous les pays, une sorte de « camisole de force » standard, chaque programme doit résulter de l'approche au cas par cas, donc taillé sur mesure en fonction des spécificités propres à chaque pays concerné ; l'exécution de chaque programme demande du temps, l'accent devant être mis sur les mesures adaptées à la situation, en évitant tout retard de mise en œuvre ; l'adhésion et l'appui des autorités gouvernementales ainsi que de l'opinion publique sont des fondements indispensables pour le succès des programmes d'ajustement orientés vers la croissance économique.

Des politiques efficaces dans les pays en développement : l'efficacité des politiques de développement est nécessaire, mais non suffisante ; il faut l'appui des pays industrialisés, notamment au niveau des politiques en matière monétaire, de la fiscalité, des régimes des taux d'intérêt et de change.

Dans l'ensemble, le processus d'ajustement structurel doit être symétrique, en ce sens qu'il ne saurait y avoir un type d'ajustement pour pays industrialisés et un autre différent pour pays en développement. Les programmes d'ajustement structurel orientés vers la croissance doivent leur succès à l'étroite collaboration entre les pays en développement concernés, les pays industrialisés et les institutions de Bretton Woods et autres multilatérales.

8.2.2. Les solutions internationales au problème de la dette et leurs insuffisances

Les programmes d'ajustement structurel mettent l'accent sur le rééchelonnement comme mesure de restructuration de la dette. Mais d'un programme à l'autre, le problème de la dette persiste. Il faut donc, en plus du traitement de la dette par le rééchelonnement, examiner les autres solutions possibles.

8.2.2.1. Le rééchelonnement

Face à la crise de la dette qui éclate en 1982 comme nous l'avons rappelé au début du présent chapitre, déclenchée par une crise de liquidités au Mexique, la communauté financière internationale se focalise sur le problème d'insuffisance de liquidité dans les pays en développement. Il faut accorder une sorte de pause au pays débiteur en crise : préalablement, celui-ci doit avoir un accord avec le Fonds monétaire international (FMI), dont le rôle notamment en matière de surveillance multilatérale est essentiel. En principe, les intérêts doivent être payés dans les délais, le rééchelonnement ne portant que sur le principal des prêts obtenus avant une certaine date appelée « cut-off-date » (date butoir). Il est prévu que par ailleurs, soient accordées des facilités à court terme, notamment par les banques commerciales. Finalement, le rééchelonnement renvoie en quelque sorte le problème à plus tard, sans le résoudre véritablement ; il permet au pays de « souffler » un peu pendant quelque temps. Le rééchelonnement se négocie et se met en œuvre dans le cadre du Club de Paris (dette bilatérale) ou du Club de Londres (dette commerciale).

a) Le Club de Paris

Le Club de Paris est un groupe informel créé en 1956 pour faire face à la faillite de l'Argentine. Il réunit à Paris les États créanciers qui s'accordent sur des facilités de paiement étalé, en faveur d'un pays débiteur qui en fait la demande par dossier constitué selon les procédures du Club de Paris. La coordination du Club de Paris est assurée par le ministère français en charge de l'Économie et des Finances. Sa composition comporte des membres permanents[23] actuellement au nombre de 20 ; des participants ad hoc[24], qui sont des créanciers publics pouvant aussi prendre part aux sessions de négociation ou aux séances mensuelles des Tours d'Horizon, sous réserve de l'accord des membres permanents et du pays débiteur ; des observateurs, dont essentiellement les représentants des institutions internationales (FMI, Banque mondiale, OCDE, CNUCED, Commission européenne, Banque africaine de développement, Banque asiatique de développement, Banque européenne de reconstruction et de développement, Banque interaméricaine de développement). Le Club de Paris statue sur le cadre général de rééchelonnement, les détails devant être examinés et traités lors des négociations bilatérales. Dans la demande que le pays débiteur adresse au président du Club de Paris, il s'engage par ailleurs à exécuter de manière satisfaisante un programme d'ajustement structurel soutenu par les institutions de Bretton Woods ; il doit également rechercher des arrangements comparables à ceux du Club de Paris, auprès des autres créanciers, notamment les banques commerciales.

b) Le Club de Londres

Le Club de Londres regroupe l'ensemble des banques commerciales créancières du pays concerné. Le Club de Londres est un groupe informel de créanciers privés, principalement les banques engagées envers les pays endettés ; il n'a ni membre à proprement parler, ni structure permanente. Il accorde le rééchelonnement du capital (le

---

[23] Allemagne, Australie, Autriche, Belgique, Canada, Danemark, Espagne, États-Unis, Finlande, France, Irlande, Israël, Italie, Japon, Norvège, Pays-Bas, Royaume-Uni, Russie (Fédération de), Suède, Suisse, soit 20 pays.

[24] liste indicative : Abu Dhabi, Afrique du Sud, Argentine, Brésil, Banque populaire de Chine, Corée, Koweit, Mexique, Maroc, Nouvelle-Zélande, Portugal, Trinité et Tobago, Turquie.

principal) des prêts, avec possibilité d'octroyer de nouveaux prêts. Le Comité directeur (steering Committee) composé de 20 à 30 banques sur des centaines que compte le Club de Londres dans certains cas, négocie le rééchelonnement avec le débiteur, au nom de toutes les banques impliquées. Ce Comité se réunit au siège de la banque qui assure la présidence : il s'agit en général de la banque-chef de file. Pour connaître la situation économique du pays concerné, le Comité crée en son sein un sous-comité économique qui se rend dans le pays, et fait par la suite un rapport circonstancié.

Le Club de Londres rééchelonne la dette issue des prêts ayant une durée supérieure à un an. Seules les échéances en capital (principal) sont rééchelonnables, les intérêts devant être payés à bonne date. Dans certains cas, de nouveaux prêts (« New money ») peuvent être accordés au débiteur pour permettre le paiement des intérêts. Comme garantie fondamentale, l'emprunteur doit mettre en place un programme d'ajustement structurel appuyé par le FMI, et obtenir un rééchelonnement au Club de Paris.

Comme on s'en rend bien compte, le rééchelonnement au Club de Londres, et même au Club de Paris dans une certaine mesure, peut constituer pour le débiteur une fuite en avant, le montant de la dette pouvant à terme s'alourdir : il peut en résulter un phénomène « boule de neige », la dette générant d'autres dettes en chaîne !

Pour atténuer les conséquences négatives du rééchelonnement, d'autres solutions peuvent être envisagées.

8.2.2.2. Les autres solutions au problème de la dette

a) L'annulation de la dette publique : en 1978, la CNUCED invite les États à annuler une partie de leurs créances sur les pays endettés.

b) L'initiative de Toronto (encore connue sous le nom de Initiative Mitterrand) : approuvée en juin 1978 par le G7[25], cette initiative vise à alléger la dette bilatérale (aide publique et crédits commerciaux garantis) des pays les plus démunis ayant des difficultés prolongées de paiement du service de la dette. C'est un menu en trois options :

Option A : annulation d'un tiers des échéances, rééchelonnement du reste sur 14 ans dont 8 de différé ; taux d'intérêt déterminé en fonction des taux du marché.

Option B : rééchelonnement des échéances sur 25 ans, dont 14 de différé.

Option C : rééchelonnement du service de la dette à un taux concessionnel de 3,5 points inférieur au taux du marché, ou de moitié si celui-ci est inférieur à 3,5 points. La durée de consolidation est de 14 ans.

L'initiative de Toronto donne une certaine marge de manœuvre, permettant de tenir compte de la spécificité de chaque pays. Le pays bénéficiaire doit :

- faire partie des pays les moins avancés (PMA) ;

- avoir un service de la dette supérieur ou égal à 30% de ses exportations ;

- avoir un programme en vigueur avec le FMI.

Cette initiative ne peut avoir d'effet qu'après plusieurs rééchelonnements : son impact est négligeable.

c) Le plan de Dakar : complémentaire du plan de Toronto, ce plan prescrit l'annulation de la dette publique due à la France pour 35 pays africains.

---

[25] Pays membres (parmi les plus grandes puissances économiques du monde) : États-Unis, Japon, Allemagne, France, Royaume-Uni, Italie, Canada.

d) Le plan de Trinidad : ce plan est proposé par la Grande-Bretagne en 1990 à Trinidad.

Principe : annulation de 2/3 de la dette publique des pays démunis et étalement du remboursement du reliquat sur 25 ans. Son application s'opère selon un menu comportant quatre options :

Option A : rééchelonnement sur 20 ans et réduction de moitié en valeur actualisée des échéances dues au titre de la dette publique non concessionnelle. ;

Option B : réduction de 50% des échéances couvertes par le rééchelonnement et consolidation du reliquat au taux concessionnel d'origine, sur une période de 30 ans, dont 12 de différé.

Option C : possibilité pour les créanciers de mettre en œuvre la conversion de la dette en monnaie locale.

Option D : clause de bonne volonté pour possibilité de traitement du stock de la dette.

Le plan de Trinidad a une portée insuffisante.

e) L'initiative française : cette initiative est prise par la France en faveur des pays à revenu intermédiaire membres de la zone franc. Il est créé un fonds de garantie, dont le mécanisme d'intervention tient compte de l'encours total de la dette du pays à revenu intermédiaire lourdement endetté, et de la proportion de sa dette bancaire par rapport à cet encours total.

f) L'initiative de Naples : les termes de Naples offrent une réduction de 50% à 67% (1/2 et 2/3) de la valeur actualisée d'une partie de la dette bilatérale. Pour obtenir une réduction de 2/3, c'est-à-dire 67% du service de la dette ou du stock de la dette, un pays doit :

- avoir un PNB (Produit national brut) par tête inférieur à 500 dollars des États-Unis d'Amérique, ou

- avoir un ratio valeur nette actualisée de la dette/exportations supérieur à 350%.

Quatre autres critères doivent être remplis pour permettre au pays de bénéficier de la réduction de la dette totale de 67% au terme du programme : résultat satisfaisant dans l'exécution du programme avec le FMI pendant les trois dernières années ; rythme de paiement satisfaisant de la dette auprès du Club de Paris pendant les trois dernières années ; le pays bénéficiaire ne devrait plus se présenter au Club de Paris, après avoir reçu ce traitement exceptionnel de faveur ; le créancier doit accepter de choisir l'option de remise de dette concessionnelle.

g) Les autres initiatives : il faut mentionner l'initiative du Japon, les initiatives africaines au niveau de la CEA, l'initiative dite CEE/ACP « conditions de Houston » en faveur des pays à revenu intermédiaire tranche inférieure (assortie des possibilités de conversion de 100% de la dette concessionnelle, et 10% de la dette libellée aux conditions de marché ou 10 millions de dollars des États-Unis d'Amérique, ce montant pouvant exceptionnellement atteindre au plus 20 millions de dollars).

8.2.2.3. Le traitement de la dette multilatérale

Au départ, il n'avait jamais été question d'inclure la dette multilatérale dans le processus d'allégement du fardeau de la dette. Mais la persistance et l'ampleur de la dette de plus en plus insupportable par les pays en développement ont contraint les institutions financières internationales multilatérales à travailler et mettre au point un traitement spécifique à cette catégorie de dette.

Pour la Banque mondiale, un pays a un problème de dette multilatérale lorsque le ratio service de la dette/exportations dépasse 15% ou quand le ratio valeur actualisée de la dette/exportations est au-dessus de 200%. Les créanciers multilatéraux ont eu à jouer au niveau de la concessionnalité des prêts : ce niveau est passé de 52% en 1982 à 85% en 1992. Plus particulièrement au FMI, a été créée en 1987 la Facilité d'Ajustement structurel renforcée (FASR).

a) L'initiative Pays pauvres très endettés (IPPTE) : pour être éligible à l'IPPTE, un pays doit avoir appliqué avec succès deux programmes économiques triennaux, dont les grandes lignes ont été présentées plus haut au 8.2.1.

b) L'Initiative renforcée pour l'allégement de la dette des pays pauvres très endettés : l'initiative PPTE a été approuvée en 1996. Constatant qu'elle n'était pas suffisamment efficace, les dirigeants du G7 ont décidé de la renforcer au cours de leur sommet de Cologne en République fédérale d'Allemagne (RFA) en juillet 1999. En septembre 1999, l'initiative ainsi renforcée a été approuvée par tous les membres de la Banque mondiale et du FMI, dans le cadre de la nouvelle initiative stratégique de réduction de la pauvreté. D'où l'initiative d'allégement de la dette multilatérale (IADM). L'initiative PPTE renforcée modifie en les améliorant, les critères d'admissibilité ainsi que le calendrier de l'allégement de la dette.

b1. L'admissibilité : pour être admissible à l'initiative PPTE renforcée, un pays doit être très pauvre, avoir un fardeau de sa dette intolérable et mettre en œuvre de bonnes politiques :

- un pays est pauvre s'il est admis à bénéficier d'un soutien du FMI dans le cadre de la facilité pour la réduction de la pauvreté et la croissance (qui a succédé à la facilité d'ajustement structurel renforcée, FASR) et s'il peut bénéficier uniquement de financement concessionnel de la Banque mondiale, accordé par l'intermédiaire de l'Association internationale de développement (AID ou IDA) ;

- le fardeau est intolérable si l'encours de la dette représente plus de 150% de la valeur actualisée des exportations, une fois épuisés tous les mécanismes traditionnels d'allégement de la dette, ou si le ratio de la dette aux recettes publiques dépasse 200% ;

- de bonnes politiques signifient des politiques macroéconomiques structurelles et sociales contribuant à la réduction de la pauvreté et à la croissance soutenue.

Ces nouveaux critères d'admissibilité ont pour effets immédiats d'augmenter le nombre de pays susceptibles de bénéficier d'un allégement au travers de l'initiative, alors que seuls 26 pays avaient jusque-là pu en bénéficier sur la base des critères initiaux.

b2. Le calendrier de l'allégement : l'initiative PPTE renforcée prévoit la possibilité d'une aide temporaire pour les pays qui arrivent au point de décision (stade où la Banque et les pays décident de leur admissibilité). Il en résulte en conséquence une réduction des paiements au titre du service de la dette, avant même que ne soit atteint le point d'achèvement, auquel l'encours de la dette est réduit. Dans le cadre de l'initiative PPTE initiale, l'encours n'était réduit qu'à l'issue de deux programmes FASR complets, soit un minimum de six ans. Avec la nouvelle initiative, le point d'achèvement peut être avancé si le pays est particulièrement performant : le point devient « glissant ». L'allégement doit autant que possible être concentré en début de cycle.

Combinée aux mécanismes traditionnels de réduction de la dette, l'initiative PPTE renforcée pourrait baisser de moitié la valeur actualisée nette de la dette publique des pays en développement susceptibles d'en bénéficier, dont une vingtaine environ auraient atteint le point de décision à la fin de l'année 2000, en fonction des progrès accomplis dans l'élaboration de leur stratégie de lutte contre la pauvreté et la mobilisation des ressources auprès des bailleurs de fonds.

Malgré l'assouplissement apporté à l'initiative PPTE à travers son renforcement, celle-ci reste encore un véritable « parcours du combattant », au regard des conditionnalités dont elle est assortie[26].

8.2.2.4. L'allégement de la dette commerciale

Pour réduire le fardeau de la dette vis-à-vis des banques commerciales, plusieurs propositions ont été développées, notamment sous forme de plans d'étalement des échéances assortis d'apport en « new money », des opérations de rachat ou de conversion de dette (debt equity swap).

a) Le plan Baker (debt relief) : c'est un ensemble de propositions présentées par James Baker, secrétaire d'État au Trésor des États-Unis d'Amérique, lors des assemblées annuelles du FMI et de la Banque mondiale tenues à Séoul (Corée du Sud) en octobre 1985. Du fait de la crise de la dette, la dégradation des transferts nets de plus en plus négatifs entre un certain nombre de pays en développement débiteurs et les pays industrialisés devient préoccupante, il se pose le problème de canalisation du flux de ressources vers le financement de la croissance économique. Le plan Baker propose quatre grands axes pertinents d'actions :

a1. Mise en œuvre par les pays débiteurs de politiques macroéconomiques et structurelles appropriées pour relancer leur croissance ;

---

[26] En 2014, on dénombre 39 pays pauvres très endettés (PPTE) : Afghanistan, Bénin, Bolivie, Burkina Faso, Burundi, Cameroun, Comores, Congo, Côte d'Ivoire, Erythrée, Éthiopie, Gambie, Ghana, Guinée, Guinée-Bissau, Guyane, Haïti, Honduras, Liberia, Madagascar, Malawi, Mali, Mauritanie, Mozambique, Nicaragua, Niger, Ouganda, République centrafricaine, République démocratique du Congo (RDC), Rwanda, Sao Tomé-et-Principe, Sénégal, Sierra Leone, Somalie, Soudan, Tanzanie, Tchad, Togo, Zambie, soit seulement 11% de la population totale des pays en développement.

a2. Accroissement des prêts octroyés par les banques de développement multilatérales à l'appui des programmes d'ajustement structurel axés sur la croissance ;

a3. Augmentation des crédits accordés par les banques commerciales ;

a4. Mise en œuvre par les pays industrialisés, de politiques destinées à maintenir un rythme de croissance suffisant, assurer le libre accès de leurs marchés aux exportations des pays en développement et favoriser de nouvelles baisses de taux d'intérêt.

b) Le plan Brady : le plan Brady est une proposition de Nicholas Brady, secrétaire d'État au Trésor américain, à la suite du plan Baker. Cette proposition date de 1989 ; elle se présente sous forme de « Brady bonds », qui sont des instruments financiers créés en 1989 par l'ex-secrétaire d'État au Trésor de Ronald Reagan, sous forme d'obligations libellées en dollars des États-Unis, à échéance de 30 ans ; la création de ces bons bénéficie de la coopération du Fonds monétaire international, de la Banque mondiale et de la Réserve fédérale de New York. Ces obligations étaient émises dans le cadre d'un nouveau plan de réduction de la dette des pays en développement, principalement ceux d'Amérique latine dans les années 1980.

c) Le mécanisme de rachat-conversion en actifs réels (debt equity swap) : c'est un mécanisme qui fait intervenir une banque, un pays débiteur et un investisseur. L'investisseur achète en devises convertibles une créance à une banque. Il se fait rembourser la créance avec une décote moindre par l'emprunteur en monnaie locale. Avec cette somme, l'investisseur achète des parts de sociétés locales. Ainsi, l'investisseur gagne en différence de décote, mais doit endurer un long délai pour réaliser l'opération dans sa totalité. L'emprunteur voit sa dette diminuer, il rachète en monnaie locale, mais doit plus tard s'attendre à subir le rapatriement en devises du fruit de l'investissement.

d) Les autres types de rachat-conversion : il existe plusieurs autres formes de rachat-conversion, notamment :

- conversion de créances en exportations (debt commodity swap) ;

- échange dette-aide à l'environnement (debt for nature exchange) ;

- conversion en obligations (exit bonds) ;

- réduction des intérêts.

D'une manière générale, aucune solution prise individuellement ne permet de résoudre le problème de la dette. Toutes les solutions doivent être combinées. La réflexion doit se poursuivre avec la participation de tous, y compris les pays débiteurs ; ceux-ci devraient apprendre à se concerter souvent, et à réfléchir ensemble sur leur sort. Une évidence s'impose : la solution au problème de la dette passe par un taux de croissance suffisamment élevé, l'idéal étant que ce taux soit supérieur au taux d'accroissement démographique, et soit à deux chiffres. Un tel niveau de taux, assorti d'une répartition équitable de ressources ainsi générées, permettra au pays concerné d'être à la fois crédible et capable de répondre avec efficacité aux aspirations de ses populations. La communauté financière internationale ne cesse de réfléchir sur les solutions possibles au problème de la dette : d'autres initiatives pourraient bien voir le jour.

Cinquième partie

Les politiques d'endettement possibles, les organes de gestion, la formation et le renforcement des capacités

Chapitre 9

Les politiques de gestion, les organes de supervision et de coordination de la gestion de la dette

La dette d'un pays comporte le volet intérieur généré lorsque l'État emprunte auprès des acteurs intérieurs, et le volet extérieur lorsqu'il s'agit des fonds obtenus auprès des partenaires techniques et financiers extérieurs. Le secteur privé gère sa dette de manière autonome dans le respect de la réglementation en vigueur, notamment en rapport avec la monnaie et le marché des changes ; celle du secteur public est gérée par l'État, selon ses procédures propres. Nous allons nous intéresser ici à la gestion de la dette de l'État.

Le système de gestion de la dette d'un pays est indispensable à la collaboration entre prêteurs et emprunteurs. Des facteurs exercent une influence à la fois sur la politique qui sous-tend le système et la capacité du gouvernement à le mettre en œuvre. Le succès du système tient au contrôle qu'il exerce sur tous les aspects relatifs à l'endettement du pays, permettant entre autres d'assurer une meilleure canalisation des ressources extérieures à des fins de production, et d'anticiper en même temps le plus grand éventail des problèmes prévisibles, en rapport avec la dette. La règlementation doit couvrir tous les aspects de l'endettement du pays, de manière à fixer avec précision toutes les règles du jeu claires et flexibles, afin de tenir compte des intérêts de toutes les parties prenantes que sont l'État, les créanciers et les débiteurs, ainsi que les partenaires techniques et financiers impliqués dans le processus. Il est évident qu'il ne suffit pas de disposer d'un système efficace de gestion de la dette ; il faut également avoir un cadre de gestion idoine et des personnels hautement qualifiés, dévoués à la tâche. Après avoir décrit les politiques de gestion de la dette publique, nous allons examiner les types d'organes de gestion requis.

9.1. Les politiques de gestion de la dette

Un bon système de gestion de la dette doit permettre de porter l'attention sur les moindres caractéristiques des prêts à négocier (devises, marchés, prêteurs, projets à financer, durée…), assurer la maîtrise de la règlementation des stratégies d'emprunt, faciliter des transactions susceptibles d'intéresser les créanciers potentiels (conversions de dette, swaps, etc.), toutes choses qui devraient renforcer la crédibilité du pays débiteur.

9.1.1. Les politiques idoines face aux problèmes issus des crédits extérieurs

La dette est utile pour financer le transfert des ressources, accélérer l'exploitation des ressources locales, et assurer le développement d'importants programmes d'investissements hors de portée des épargnes intérieures du pays.

(i) Comme solution à des problèmes de court terme de la balance des paiements, la dette peut jouer un rôle déterminant ;

(ii) Cependant, la dette extérieure peut occasionner de nombreux problèmes aux pays emprunteurs, notamment la perturbation de la politique monétaire en cas d'encadrement des crédits ;

(iii) In fine, le coût du prêt obtenu par le pays peut s'avérer supérieur au bénéfice qu'en tire son économie, au cas où :

- le rendement marginal est inférieur au coût marginal ;

- les ressources attendues du projet financé ne se réaliseront qu'à long terme, alors que le prêt obtenu est à court ou moyen terme ;

- le prêt est affecté essentiellement à la consommation et non à l'investissement ;

- le transfert en devises des bénéfices du prêt ne se réalise pas assez tôt pour contribuer au service de la dette ;

- le régime fiscal ne permet pas de lever suffisamment de revenus pour assurer le service de la dette ;

- le niveau des ressources extérieures est susceptible de baisser du fait que le pays débiteur ne peut pas bénéficier de nouveaux financements extérieurs à cause de l'accumulation des arriérés du service de la dette ;

- les bailleurs de fonds extérieurs conditionnent l'octroi de nouveaux prêts à un seuil d'importation déterminé.

Pour prendre en compte tous ces problèmes, les politiques de gestion doivent veiller sur :

- la qualité du système fiscal ;

- l'impact du service de la dette et la composition du portefeuille de la dette (durée, taux d'intérêt, dette concessionnelle, dette commerciale …) ;

- le contrôle de l'utilisation efficace des fonds d'emprunts ;

- le contrôle et la maîtrise de la gestion des réserves extérieures du pays.

9.1.2. Les politiques de gestion de la dette par rapport aux eurocrédits

(a) les politiques par rapport aux problèmes monétaires : les pays débiteurs doivent observer beaucoup de prudence devant les facilités d'accès aux crédits sur les marchés des eurodevises ; certains d'entre eux sont tombés dans ce piège au cours des années 1972 et 1979 du fait des eurodollars générés par les ressources pétrolières. Ils doivent mettre en place un mécanisme de maîtrise du volume des prêts libellés dans les différentes devises ; le système de gestion des pools de monnaies développé par la Banque mondiale devrait être assimilé et maîtrisé.

(b) les politiques par rapport aux problèmes financiers, notamment en rapport avec les délais de paiement : les pays débiteurs doivent prendre des dispositions pour respecter leurs engagements en procédant à une programmation des paiements réguliers des échéances ; ils doivent également veiller au respect des conditions des décaissements des fonds, afin de ne pas en interrompre le rythme, ce qui hypothèquerait la bonne exécution des projets bénéficiaires des financements ; une bonne maîtrise des marchés de la dette doit aider à améliorer la crédibilité des débiteurs, ce qui constitue un atout pour leur accès à des refinancements auprès des bailleurs de fonds. Il faut également maîtriser le système des transferts, de consommation des crédits et de rentabilité des projets ; une attention particulière doit être portée aussi sur la composition des importations ainsi que sur la fiscalité.

(c) les autres politiques : en plus des considérations relatives aux aspects monétaires et financiers, le pays débiteur doit

- veiller à son indépendance vis-à-vis de l'influence étrangère, qu'elle soit bilatérale ou de la part des institutions d'assistance multilatérale, dans la conduite de son programme de développement économique ;

- instaurer et renforcer les relations de collaboration franche entre les différents acteurs à l'intérieur du pays, qu'ils soient au sein ou en dehors du gouvernement. D'où l'importance de l'implication des organisations de la société civile (OSC), des organisations non gouvernementales (ONG), ainsi que des partenaires techniques, économiques et financiers au développement (PTEF). Un accent particulier doit également être mis sur l'obligation de « rendre compte » (« Accountability »).

9.2. Les organes de supervision et de coordination ; les mécanismes et les directives de régulation

Pour une nation en développement, il est crucial qu'elle soit parfaitement au contrôle de sa dette extérieure, publique ou privée, afin de disposer d'une meilleure vision de son développement. Comme nous l'avons déjà mentionné plus haut, elle doit agir en toute indépendance, à l'abri de toute pression extérieure. L'expérience montre d'ailleurs que même vis-à-vis des bailleurs de fonds, le contrôle effectif de son développement par un pays en développement est un indicateur de sa crédibilité.

Un système gouvernemental efficace de contrôle de la dette extérieure en vue d'encourager et d'orienter les flux des fonds reçus doit revêtir pour principales caractéristiques :

- la centralisation au sein d'un même organisme de l'autorité et des responsabilités en matière de revue, collecte, enregistrement, approbation, validation de tous les éléments relatifs aux flux des capitaux extérieurs ; évidemment, il doit en être de même pour les flux de capitaux domestiques destinés aux projets publics ou parapublics ;

- la mise en place d'un noyau de personnels compétents, en charge de négociations de tous les prêts obtenus par l'Etat : cette équipe doit être dotée de l'autorité nécessaire pour diriger toutes les opérations relatives aux négociations ;

- l'élaboration d'une procédure commune, impliquant tous les départements ministériels intéressés par les négociations et la mise en place des prêts obtenus par le gouvernement, y compris ceux destinés aux organismes parapublics ou bénéficiant de la garantie de l'État ;

- l'existence d'un ensemble de lois et règlements régissant les termes, voire les affectations des prêts destinés au secteur privé.

L'organe central de gestion de la dette doit être doté de flexibilité nécessaire pour, soit modifier les règles en réaction urgente au changement du marché, soit traiter un cas exceptionnel sans enfreindre la réglementation en vigueur ; cet organe doit s'assurer de la meilleure allocation des ressources dans l'économie.

À l'observation, on se rend compte que ceux des pays qui appliquent autre chose que le système de gestion centralisé, ou n'ont rien prévu du tout, rencontrent d'énormes difficultés dans la gestion de leur dette, imputables essentiellement aux inconvénients de la bureaucratie.

9.2.1. Les systèmes intégrés de contrôle de la dette

Des pays comme le Brésil et les Philippines ont opté pour les systèmes intégrés de contrôle de leur dette, qu'ils appliquent avec succès. Ces systèmes revêtent trois caractéristiques fondamentales :

- la centralisation administrative ;

- une approche de revue complète ;

- la production régulière des rapports.

(a) L'administration : une loi générale qui s'impose à tous les emprunts extérieurs, exige que toutes les données de la dette soient collectées et enregistrées. L'organe chargé de l'enregistrement des données de la dette doit :

- disposer du pouvoir de rejeter une demande pour non-respect de certains critères bien établis ;

- avoir un effectif des personnels adéquat : non pléthorique, mais en conformité avec des postes de travail bien définis ; bénéficier d'un niveau de salaires et autres rémunérations conséquents ;

- travailler dans un cadre approprié en termes d'espace et de bureaux ;

- être suffisamment équipé en matériels informatiques et autres technologies requises, permettant une parfaite gestion informatisée de la dette ;

- observer scrupuleusement la règle selon laquelle « tout traitement des données intervient après validation préalable, et tout enregistrement des données vient après traitement ». Une telle disposition renforce la fiabilité du système de gestion et des données de la dette.

(b) La revue : la revue de la dette doit couvrir tous les types de transactions ; certains paramètres utilisés sont immuables, notamment l'adéquation prêt-projet de manière à rapprocher autant que possible le temps de maturation du projet financé et la période de paiement des échéances. D'autres paramètres peuvent faire l'objet de souplesse au cours des négociations des accords de prêts : il pourrait en être ainsi de la marge (spread) au-dessus du Libor (London Interbank offered rate) fixée par le gouvernement ; celle-ci ne peut être qu'indicative, compte tenu des péripéties et de la volatilité des marchés.

(c) La production des rapports : cet exercice revêt une grande importance ; il nécessite un personnel bien qualifié. Les rapports présentant des données détaillées sur la dette constituent une source inestimable d'arguments pour conduire des négociations efficaces ; l'analyse des séries temporelles sur la dette permet de faire des rapprochements des évolutions des marchés de la dette, ainsi que des projections du service de la dette.

(d) Cas exceptionnel d'intermédiation domestique : lorsqu'un pays dispose d'une monnaie nationale, l'organe central de gestion de la dette ne peut pas assurer l'intermédiation bancaire. Le gouvernement va s'appuyer sur les institutions financières locales pour lever les fonds et les prêter aux opérateurs locaux. Dans l'exemple du Brésil, il est permis aux banques d'accepter des prêts libellés en devises étrangères, et d'octroyer des prêts équivalents en monnaie nationale, pour des périodes courtes et à des taux flottants. Pour les Philippines, le système de dépôt en monnaie étrangère autorise les banques à accepter des dépôts et à prêter dans la même devise, sans passer par les procédures générales d'enregistrement.

9.2.2. Les problèmes rencontrés au niveau des mécanismes de régulation

(a) sur le plan général :

- manque d'information fiable sur les coûts dans le marché d'eurodevise ;

- échec dans l'instauration de contrôle monétaire ;

- système de régulation complexe, car non créé sur la base d'une étude globale, mais par addition de règles au coup par coup. Face à la multitude des règles, la politique de coordination devient difficile à mener, d'où risque de marché noir.

(b) contrôle inadéquat des termes du prêt : quelque flexibilité est nécessaire pour tenir compte des intérêts de toutes les parties prenantes, à savoir les emprunteurs, les prêteurs et les acheteurs. Il faut chercher à mûrir la réglementation en vigueur.

(c) contrôle inadéquat sur l'endettement du secteur parapublic : une situation conflictuelle peut surgir entre l'autorité financière du gouvernement et des entreprises parapubliques, conduisant ainsi à des relations tendues ; il faut des lignes d'autorité clairement définies et connues, pour éviter une expansion de la dette du secteur parapublic au-delà des niveaux raisonnables. En effet, comme cela fut le cas pour les Philippines dans les années 1960, la dette directe ou celle garantie par l'État des entreprises parapubliques peuvent provoquer des crises d'endettement et économiques.

(d) données inadéquates : on n'insistera jamais assez sur l'importance des données sur la dette, car aucune politique viable ne peut être construite et mise en œuvre sans des données fiables. Il faut donc que les pays en développement visent l'excellence dans l'élaboration de leurs bases des données. Les autorités gouvernementales doivent en faire un point d'honneur en encourageant les acteurs performants et en sanctionnant les défaillants. La même exigence est valable pour les données du secteur privé, car grâce à ces données, les autorités gouvernementales et même les partenaires techniques et financiers ont une bonne image du secteur privé.

Il est évident que l'insuffisance des données sur la dette du secteur privé peut réduire l'efficacité de l'action du gouvernement en matière de politique monétaire ; les pays qui sont des paradis fiscaux ou pourraient le devenir sont sensibles à l'impact des crédits extérieurs sur le secteur privé.

(e) importance d'un organe performant de gestion de la dette : comme déjà mentionné plus haut, l'organe en charge de la gestion de la dette d'un pays en développement doit être doté d'un personnel techniquement qualifié, parfaitement à la hauteur de la tâche. Toute insuffisance sur ce point capital est en mesure de paralyser l'organe de gestion de la dette dans ses efforts. À titre d'illustration, les paiements au titre du service de la dette ne pourront pas être faits dans les délais, non pas par indisponibilité des ressources y dédiées, mais à cause de la bureaucratie ou de quelque laxisme. Un personnel bien qualifié aura pour autres avantages pertinents d'anticiper les difficultés prévisibles, sur la base de l'analyse efficace des comportements des différents acteurs de l'endettement international.

Chapitre 10

La formation et le renforcement des capacités

L'organe central de gestion de la dette doit être doté d'un personnel performant, dont la mise à niveau se fait régulièrement. La formation doit figurer en bonne place dans son programme d'activités. En conséquence, cet organe doit définir et mettre en œuvre une politique de formation au sein d'une entité interne responsable de la coordination et du suivi des activités de formation.

10.1. La politique de formation (programmes de formation au rythme annuel ; utilisation du produit de la formation ; personnel détaché...)

- au niveau local : procéder à une mise à niveau régulière des personnels de l'institution ; disposer d'un manuel de procédures, document de base que tout le personnel doit connaître et maîtriser ; élaborer et mettre régulièrement à jour un programme annuel de formation, comportant des thèmes assortis d'objectifs visés par l'institution ;

- à l'extérieur : l'institution doit développer un réseau suffisamment vaste de collaboration avec des institutions internationales de formation et de renforcement des capacités ; dans le cadre de cette collaboration, ces institutions pourront être invitées à contribuer aux sessions locales de formation organisées par l'institution en charge de la gestion de la dette ; de même, les cadres de l'institution seront de temps en temps et selon les thèmes de formation arrêtés d'accord parties, envoyés à l'extérieur prendre part à des séminaires ou ateliers ; les différentes publications relatives à des études effectuées par d'autres institutions de formation et de renforcement des capacités devront être exploitées et faire l'objet de discussion, avec possibilités de contributions critiques.

10.2. L'entité en charge de la formation et du renforcement des capacités

L'entité créée au sein de l'institution en charge de la gestion de la dette sera dotée d'un espace d'action adéquat (bibliothèque, salles de formation, bureaux de travail...) équipé des matériels informatiques et autres technologies nécessaires. Elle sera dotée d'un personnel compétent de formateurs : ceux-ci animeront la formation locale du personnel de l'institution, et seront eux-mêmes régulièrement recyclés dans le cadre de la collaboration entre l'institution et les institutions de formation extérieures, ainsi qu'auprès des organismes nationaux ou régionaux exerçant dans les domaines relevant des activités dévolues à l'institution de gestion de la dette.

Le modèle de Pôle-Dette décrit ici au titre de « bonne pratique » peut constituer une bonne source d'inspiration pour l'organisation de l'entité en charge de la formation au sein de l'institution de gestion de la dette, et de choix des thèmes de formation.

10.3. Un cas de « bonne pratique » : le Pôle-Dette[27]

Le Pôle régional de formation en gestion de la Dette en Afrique du Centre et de l'Ouest, dénommé Pôle-Dette, est une expérience très enrichissante, bien qu'il ait décidé d'arrêter ses activités en 2012, après une douzaine d'années de fonctionnement.

---

[27] Pôle-dette, Bulletin d'information, d'études et de liaison, N°00, septembre 2001, mot du Comité exécutif

Entré dans sa phase opérationnelle en 2000, le projet Pôle-Dette est le produit d'un long processus de collaboration entre la Banque centrale des États de l'Afrique de l'Ouest (BCEAO) et la Banque centrale des États de l'Afrique centrale (BEAC). En effet, les deux institutions sous-régionales vont engager entre elles des réflexions concertées dès 1996. Celles-ci vont dans un premier temps aboutir à la création d'un organe de formation en gestion macroéconomique, bénéficiant de l'appui financier de la Fondation pour le Renforcement des Capacités en Afrique (ACBF)[28].

Par la suite, d'autres partenaires techniques et financiers viendront se joindre à l'ACBF pour la réalisation du projet de formation en gestion de la dette. Ce sont essentiellement : l'Union européenne et des bailleurs de fonds du Programme de Renforcement des Capacités en faveur des Pays Pauvres très Endettés (PRC-PPTE), à savoir l'Autriche, le Danemark, le Royaume-Uni, la Suède et la Suisse.

Tous les pays membres de la Communauté économique et monétaire de l'Afrique centrale (CEMAC) et de l'Union Economique et Monétaire Ouest Africaine (UEMOA) ont également participé efficacement à la mise en œuvre du projet.

En termes d'activités, il faut mentionner ici quelques réalisations :

- en 2000, le Pôle-Dette a organisé quatre séminaires régionaux sur différents thèmes relatifs à la gestion de la dette, deux ateliers nationaux sur la stratégie de désendettement du Niger et du Tchad dans le cadre de l'initiative PPTE. Pôle-Dette a aussi effectué des missions d'évaluation et de suivi au Bénin, au Congo, en Côte

[28] Africa Capacity Building Foundation (ACBF)

d'Ivoire, au Gabon, en Guinée Équatoriale, au Mali et en Mauritanie ;

- en 2001, Pôle-Dette a poursuivi ses activités en organisant (i) huit ateliers régionaux sur différents thèmes relatifs à la gestion de la dette : utilisation des logiciels, cadre institutionnel, projections macroéconomiques et réduction de la pauvreté, renégociations de dettes dans le cadre de l'initiative PPTE, gestion de la dette intérieure, gestion des risques et problèmes juridiques ;(ii) quatre ateliers nationaux sur l'analyse de la viabilité de la dette dans le cadre de l'initiative PPTE au Congo, en Côte d'Ivoire, au Sénégal et en République centrafricaine ; (iii) des missions d'assistance ou de suivi dans différents pays ;

- toutes ces activités et bien d'autres portant sur la formation des formateurs se sont poursuivies à un rythme annuel, jusqu'à la décision d'arrêt de ces activités dans les années 2010.

Des domaines de spécialisation dans le cadre de la formation des formateurs ont été régulièrement couverts par le Pôle-Dette : organisation institutionnelle de la gestion de la dette ; interprétation des conventions, chaîne de la dette, enregistrement et validation des données de la dette sur les logiciels CS-DRMS et SYGADE ; analyse de la viabilité de la dette, développement des stratégies de désendettement, techniques de restructuration et de réduction de la dette extérieure ; aspects juridiques de la gestion de la dette et des finances ; gestion de la dette intérieure et de la trésorerie publique et développement des marchés financiers ; analyse du portefeuille et gestion des risques associés à la dette publique ; programmation pluriannuelle, productivité des dépenses publiques et soutenabilité des finances publiques ; stratégies de lutte contre la pauvreté et développement humain durable ; techniques de négociations et de mobilisation des ressources, et politiques des nouveaux financements. Pôle-Dette publie les résultats des études réalisées en son sein, dans son bulletin trimestriel d'information, d'études et de liaison. Il collabore avec d'autres institutions de formations, afin de favoriser des échanges d'expériences ; c'est le cas avec DRI (Debt Relief Initiative), organisme basé à Londres. D'autres domaines de formation devraient inclure les techniques d'évaluation et de réévaluation des projets.

Il est important pour l'efficacité de la gestion de la dette que des échanges d'expériences pratiques soient régulièrement organisés au niveau sous-régional et régional. Par exemple lorsqu'un pays membre d'une Région donnée doit aller au Club de Paris, il devrait chercher à apprendre des expériences des autres pays, pour une meilleure préparation sur le plan politique, stratégique et technique.

L'endettement international est un processus dynamique, appelé à se nourrir des perspectives d'une vision qui du fait de la mondialisation, doit être partagée entre créanciers et débiteurs. Deux facteurs doivent guider l'attitude du débiteur, dans ses relations avec ses différents créanciers et le reste de la communauté internationale : savoir et justifier pourquoi il s'endette, être crédible. À cela doit s'ajouter la nécessaire capacité de maîtrise de l'évolution de l'environnement international.

Sixième partie

Les perspectives et la gouvernance

Chapitre 11

La planification stratégique

Alors que le budget de l'État, élaboré chaque année sous la forme de la loi de finances permet de conduire l'exécution des actions de développement à court terme, la nécessité d'une vision à moyen terme s'impose. Pour s'organiser en vue d'un bond qualitatif et quantitatif sur le chemin du développement, les pays en développement ont recours à des programmes sur une plus longue période, de l'ordre de vingt, vingt-cinq ou trente ans : il s'agit là de se donner une vision, lorsqu'il faut par exemple rechercher l'émergence.

11.1. La planification à moyen terme

Nous avons vu que les institutions de Bretton Woods (FMI, Banque mondiale), placent les réformes économiques sur un plan triennal, comme préalable à toute solution viable à la crise d'endettement. Ce choix traduit la politique de ces institutions. Au niveau d'un pays en développement, il est important de faire correspondre le programme de développement à moyen terme avec le programme politique ; ainsi devrait-on définir et mettre en œuvre des plans de développement à moyen terme sur quatre, cinq ou sept ans. De cette manière, les lois de finances annuelles seront une traduction de la déclinaison des plans de développement à moyen terme, dont les programmes correspondant à la vision du développement à long terme devraient constituer une extrapolation recadrée.

Prenons l'exemple d'un programme politique sur cinq ans, auquel doit correspondre un plan quinquennal. Ce plan doit être élaboré en procédant à la planification des actions à réaliser sur cinq ans, assortis d'objectifs aussi précis que possible, sur la base des banques de données fiables. Les principales caractéristiques du plan quinquennal :

(a) le plan quinquennal couvre l'économique, le social et le culturel ;

(b) il est la propriété de toute la communauté nationale, de par la manière dont il a été élaboré, partant de la base vers le sommet (approche participative) ;

(c) le plan comporte une définition précise des voies et moyens devant guider pendant cinq ans l'action de développement et de promotion de la qualité de la vie humaine dans le pays ;

(d) le plan intègre les cibles d'évolution envisagées dans les domaines de l'environnement, de la santé, de l'éducation et de la formation professionnelle, ainsi que de la culture et des infrastructures ;

(e) le plan indique les priorités en termes d'actions à mener pour chaque secteur d'activités : l'agriculture et le développement rural, l'agro-industrie, l'élevage et les industries animales, la pêche, les forêts, l'industrie, l'énergie hydro-électrique, les hydrocarbures, les services entre autres ;

(f) le plan donne des directives par rapport à la compétitivité et la qualité des produits, les grands projets, la valorisation des produits locaux ;

(g) les actions envisagées pour le développement du secteur du tourisme sont clairement définies ; il en est de même pour les secteurs des télécommunications et des transports, ainsi que la recherche fondamentale ;

(h) le plan comporte des engagements fermes par rapport à la volonté de l'État dans toutes ses composantes d'œuvrer à la réussite du plan et à la coopération internationale.

11.2. Le financement du plan

Élaborer un plan quinquennal de développement est très important, à condition que l'exercice soit participatif, à partir de la plus petite localité au niveau national, en passant par les arrondissements, les départements et les régions ; dans tous les cas, quelle que soit la configuration géographique du pays concerné, tout doit être mis en œuvre pour obtenir la participation de tous les acteurs à tous les niveaux. Les fiches des projets seront alors préparées, en indiquant pour chaque type de projet ses principales caractéristiques, notamment le lieu d'implantation, le rendement attendu, et l'impact sur le développement du pays.

S'agissant des moyens, le plan devra indiquer le montant du financement attendu pour chaque projet, ainsi que les sources :

- État : Épargne budgétaire, emprunts, subventions extérieures ;

- Entreprises publiques et parapubliques : autofinancement, emprunts ;

- Secteur privé.

Le plan quinquennal doit prescrire des lignes disciplinaires strictes par rapport aux emprunts extérieurs, tant pour la dette directe de l'État que pour les emprunts des entreprises publiques et parapubliques garantis par l'État. Afin de maintenir crédible la monnaie nationale, le crédit bancaire doit obéir à des directives compatibles avec la politique monétaire. L'État se donne déjà de la discipline en limitant la part de financement devant faire l'objet d'emprunts, notamment extérieurs. Cette discipline doit se traduire au niveau de la Loi de Finances, par l'indication d'un plafond d'endettement à ne pas dépasser par l'État, en précisant la part relative à la dette directe, et la partie bénéficiant de la garantie (aval, rétrocession) de l'État.

Pour assurer avec succès le volume d'investissements publics et la bonne exécution des programmes, le plan quinquennal doit comporter des mesures d'accompagnement :

- fixer des seuils d'exécution des budgets d'investissements publics, afin d'éviter des situations paradoxales dans un certain nombre de pays en développement, où les taux de réalisation des budgets d'investissements publics affichent une sous-consommation élevée, alors que les ressources allouées aux projets concernés sont disponibles ; ceci a été relevé dans le cas d'un pays comme le Cameroun, alors que des ressources du FED (Fonds européen de développement) n'attendaient qu'à être utilisées, d'où une certaine « perte sèche » pour le pays ;

- accélérer la modernisation de l'administration pour en faire un véritable instrument de développement : cet exercice mérite d'être fait dans la pratique, pas uniquement dans les discours ; définir et mettre en œuvre le programme de décentralisation ;

- définir et réaliser des critères de performance des entreprises publiques et parapubliques, afin d'en accroître la rentabilité et la compétitivité ;

- développer les mécanismes de mobilisation de l'épargne intérieure orientée vers l'investissement rentable, avec un accent sur les ressources à long terme ;

- améliorer la performance du marché financier s'il en existe, ou en créer et organiser s'il n'en existe pas ;

- doter le village (ensemble de petits centres d'identification et de planification des activités) d'un statut d'unité économique appelée à jouer un rôle d'acteur de base dans l'identification, la préparation et la mise en œuvre des projets de développement ; à cette fin, pourvoir chaque village d'un Comité de développement dynamique ;

- moderniser les mesures d'incitation à l'investissement, en révisant les codes ou les chartes des investissements, afin de les adapter au contexte de mondialisation et de gouvernance économique. Les rapports annuels « Doing Business in... » de la Banque mondiale peuvent être une bonne source d'inspiration.

La planification stratégique doit comporter une phase de mesure et d'analyse des résultats : ceci relève de ce qu'on appelle couramment aujourd'hui gestion axée sur les résultats (GAR) en matière de gestion économique. En fait, la planification comporte deux volets importants, à savoir l'encadrement des actions préconisées dans la planification, et le suivi des résultats avec possibilité de revenir ex post sur les plans d'action cohérents. L'exercice de suivi des résultats se fait selon plusieurs méthodes possibles d'analyse, qui doivent permettre (1) de mesurer les écarts entre ce qui est prévu et le résultat obtenu, de manière à identifier des actions correctrices éventuelles et (2) d'orienter si nécessaire les actions correctrices, au regard des causes de quelque dérapage identifié.

Le suivi des résultats ayant pour finalité d'organiser l'action appropriée, le processus de contrôle ne peut pas être séquentiel, il doit se faire plutôt en boucle. Cette boucle de régulation (action – suivi des résultats – action) est indispensable, mais pas suffisante. Lorsque la planification s'opère comme c'est souvent le cas, dans un environnement incertain et instable, elle devient difficile. En conséquence, les hypothèses de détermination des objectifs peuvent s'avérer inopérantes au niveau des résultats : ce peut être notamment le cas pour la croissance économique, qui peut afficher un taux plus faible que prévu, les taux de change aux évolutions erratiques, l'avènement d'une innovation technologique qui vient bouleverser toute la base dynamique de la performance réelle, du fait des aléas imprévisibles. Il devient donc important pour le planificateur, de revoir le choix des objectifs et des plans d'action aussi : il s'en déduit une autre boucle, connue sous l'appellation boucle d'apprentissage[29]. En effet, les écarts constatés par rapport au plan peuvent constituer une alerte justifiant la faiblesse du plan ou son obsolescence : il faut donc en tirer les leçons et procéder à des ajustements des objectifs initialement arrêtés dans le plan. Il se trouve donc que l'on a affaire à deux boucles, aux implications différentes : la boucle de régulation garde le cadre d'action inchangé, on va alors chercher à corriger tout écart constaté en renforçant la mise en œuvre du plan en termes d'objectifs et d'actions ; la boucle d'apprentissage conduit l'action sur le contenu même du plan : nous avons donc la boucle de régulation (planification – action – suivie des résultats – action) et la boucle d'apprentissage (planification – action – suivi des réalisations – planification). Il s'agit au final de développer et mettre en œuvre une planification assortie d'un mécanisme de contrôle dynamique.

11.3. Deux modèles de conception et de mise en œuvre de financement à l'échelle internationale

11.3.1. L'initiative d'allégement de la dette des pays pauvres très endettés (Initiative PPTE)[30]

La présente note technique a été rédigée en son temps (septembre 1998) avec pour double objectif de mieux faire comprendre l'initiative PPTE d'une part, et d'en dégager les grandes lignes d'application pour le Cameroun d'autre part.

1. L'initiative d'allégement de la dette connue sous l'appellation « initiative PPTE » (initiative Pays pauvres très endettés) a été lancée par la Banque mondiale et le Fonds monétaire international (FMI) en octobre 1996 en faveur des

[29] Contrôle de gestion et pilotage de la performance, page 26, voir bibliographie
[30] Isaac NJIEMOUN, Note technique, septembre 1998.

pays pauvres les plus endettés. L'allégement préconisé intègre pour la première fois la dette multilatérale. Les aspects suivants seront décrits dans cette note technique, qui met l'accent sur le contenu essentiel du processus : contenu de l'initiative, critères d'éligibilité, portée de l'initiative, application au cas du Cameroun.

A. Le contenu de l'initiative

2. L'initiative a pour objectif fondamental de « permettre aux PPTE qui au travers de l'exécution de politiques économiques solides et durables sont performants, d'atteindre une durabilité globale de leur dette extérieure les faisant sortir du processus de rééchelonnement, tout en renforçant leurs programmes de lutte contre la pauvreté ».

3. Sous certaines conditions, l'initiative permet d'offrir une plus forte réduction (jusqu'à 80%) du stock de la dette multilatérale.

4. Les grands principes directeurs retenus pour la dette des PPTE sont au nombre de six :

(i) agir au coup par coup pour obtenir une situation tenable de l'endettement du pays bénéficiaire de l'initiative ;

(ii) n'agir que si le pays considéré par l'application de réformes et de bonnes politiques a donné des assurances qu'il saura faire bon usage de l'aide fournie ;

(iii) inscrire les nouveaux dispositifs, dans la mesure du possible, dans le prolongement des mécanismes existants ;

(iv) assurer la coordination et la participation équitable des créanciers ;

(v) prendre toutes les dispositions pour que toute action destinée à alléger le fardeau de la dette envers les créanciers multilatéraux préserve l'intégralité financière de ces institutions, ainsi que leur statut de créancier privilégié ;

(vi) veiller à ce que tout financement extérieur soit fourni aux pays concernés à des conditions suffisamment concessionnelles leur permettant de persévérer dans la voie des réformes et d'afficher de bons résultats de politique économique.

5. L'initiative PPTE considère un point d'entrée du processus (début de la première étape), un point de décision (fin de la deuxième étape) et un point d'achèvement (fin de la troisième étape).

6. Première étape

Le club de Paris accorde des rééchelonnements des flux aux conditions de Naples (réduction de 67% de la valeur actualisée de la dette) moyennant l'engagement des pays bénéficiaires à réaliser des niveaux de performance requis en matière de gestion économique.

L'appui des institutions multilatérales est fourni dans le cadre des programmes d'ajustement structurel mis au point avec le FMI et la Banque mondiale. À la fin de cette étape, une analyse de la viabilité de l'endettement est faite (point de décision).

Il s'en dégage trois cas possibles : a) le pays est non éligible à l'initiative PPTE ; b) il est dans un cas limite ; c) le pays est éligible à l'initiative PPTE.

Le pays est non éligible si une réduction du stock de la dette aux conditions de Naples (67%) est suffisante pour lui permettre d'atteindre la durabilité et la soutenabilité au terme d'une période de trois ans (point d'achèvement).

Le pays est dans un cas limite et il bénéficie alors d'un traitement aux conditions de Naples pendant trois ans.

Le pays est éligible si une réduction du stock de la dette aux conditions de Naples (67%) est insuffisante pour atteindre la durabilité et la soutenabilité. On passe alors à la deuxième étape.

7. Deuxième étape

Au vu des bonnes performances du pays, il est mis en œuvre un deuxième programme d'ajustement structurel triennal appuyé par le FMI (Facilité d'ajustement structurel renforcée, FASR) et la Banque mondiale. Le Club de Paris accorde un nouveau rééchelonnement concessionnel des flux, la réduction pouvant atteindre 80%. L'appui des bailleurs de fonds et des institutions multilatérales est renforcé.

8. Troisième étape (fin du processus)

Le Club de Paris offre une réduction (jusqu'à 80%) du stock de la dette. Pour assurer la durabilité, les institutions multilatérales prennent si nécessaire des mesures supplémentaires, en particulier conduisant à l'allégement de la dette multilatérale, pour réduire la dette et faciliter la sortie du processus de rééchelonnement.

B. Critères d'éligibilité

9. Sont éligibles à l'initiative PPTE :

a) les pays éligibles aux FASR (Facilité d'ajustement structurel renforcée) et IDA (International Development Association) seulement ;

b) ceux des pays qui font face à une situation insoutenable de la dette extérieure en dépit de l'application des mécanismes existants et de la mise en œuvre de façon suivie de réformes et d'ajustement.

10. Une situation est dite insoutenable (non durable) si le ratio de la dette extérieure (valeur actualisée) par rapport aux exportations est supérieur à 250% et si le ratio du service de la dette par rapport aux exportations est supérieur à 25%.

11. Une dette est dite soutenable ou menaçant d'être insoutenable sur la base d'une analyse au cas par cas lorsque les deux ratios ci-dessus sont respectivement dans les intervalles 200-250% et 20-25%.

12. Lorsque ces deux ratios sont respectivement inférieurs à 200% et 20%, la dette est dite soutenable.

13. Une analyse de soutenabilité doit être réalisée par la Banque mondiale et le FMI en liaison avec le pays concerné sur la base des projections sur 20 ans.

C. La portée de l'initiative

14. À la fin du mois de juillet 1997, vingt pays PPTE étaient éligibles à l'initiative. Sur le total du stock de la dette des pays PPTE en 1994 ($us 164 milliards), les vingt pays éligibles avaient un stock de la dette de $us 97 milliards. Ce montant se décomposait comme suit : bilatéral (58%), multilatéral (22%), privé (14%), court terme (6%). La dette multilatérale était essentiellement due à l'IDA (24%), la BIRD (14%), au FMI (22%).

15. Quatre pays africains étaient PPTE et dits être déjà dans une situation soutenable (durable). Neuf pays africains étaient PPTE et dits être dans une situation menaçant déjà d'être insoutenable. Sept pays africains étaient PPTE et dits déjà être dans une situation insoutenable : Burundi, Guinée-Bissau, Mozambique, Sao Tomé-et-Principe, Soudan, Congo (RDC), Zambie.

D. Critiques de l'initiative

16. Les pays en développement accueillent favorablement l'initiative PPTE qui a pour particularité d'inclure pour la première fois une réduction de la dette multilatérale.

17. Cependant, les pays africains estiment que cette initiative ne tient pas compte de toutes les questions

fondamentales du poids de leur dette et que les créanciers et les institutions de Bretton Woods devraient :

- revoir les critères de performances et, en particulier, la définition de la durabilité ;

- raccourcir la période probatoire, tenir compte des facteurs exogènes de vulnérabilité, notamment la concentration et la variabilité des exportations et faire un traitement adéquat de la charge fiscale et des indicateurs fiscaux du poids de la dette.

18. Plusieurs aspects font l'objet de discussions. La CEA (Commission économique des Nations unies pour l'Afrique) les relève dans son rapport de mars 1997 sur l'initiative PPTE :

- le réalisme et le caractère réellement négocié des objectifs, conditionnalités et critères de performances des programmes d'ajustement structurel sont sujets à caution ;

- la pertinence de l'étude de viabilité : le degré de participation des services nationaux est insuffisant et il est fait le choix des approches irréalistes ;

- le traitement adéquat nécessaire des facteurs du marché et des facteurs exogènes dans l'évaluation des politiques : degré de diversification des exportations, vulnérabilité à la baisse, charge fiscale ;

- l'intégration des contraintes budgétaires de l'État et la dette intérieure dans les études de simulation de politiques portant sur la viabilité de l'endettement sont indispensables : déficit des finances publiques et interdépendance entre balance des paiements, compte monétaire, compte des finances publiques, compte du revenu national et de la production ;

- la longueur de la période de restructuration financière (6 ans au moins) : possibilité de raccourcir les périodes avec l'avancement du point de décision et d'achèvement ;

- possibilité de dons IDA avant le point d'achèvement ;

- niveau d'engagement insuffisant des créanciers et insuffisance des moyens mobilisés : la Banque mondiale a dégagé un montant de $US 500 millions pour un « Trust Fund » ;

- le recul des dates butoirs, le renforcement des moyens de gestion de la dette.

19. Il y a lieu de mentionner une souplesse apportée à l'initiative par les conseils d'Administration de la Banque mondiale et du Fonds monétaire international le 24 avril 1997. Sur une base au cas par cas, si le ratio de la dette (valeur actualisée) par rapport aux exportations est inférieur à 200% au point d'achèvement, le cas du pays concerné est pris en considération, à condition qu'il ait rempli deux critères au point de décision : un ratio exportations par rapport au PIB supérieur à 40% et un ratio recettes fiscales par rapport au PIB supérieur à 20%. Pour les pays remplissant ces deux critères, l'objectif du ratio de la dette (valeur actualisée) par rapport aux exportations doit atteindre un niveau de 280% du ratio de la dette (valeur nette actualisée) par rapport au revenu au point d'achèvement. Des pays comme la Côte d'Ivoire et la Guyane ont pu bénéficier de cette souplesse.

E. Application au cas du Cameroun

20. Le Cameroun n'est pas classé parmi les pays éligibles à l'initiative PPTE, mais il peut devenir éligible à cette initiative compte tenu de la situation préoccupante de son endettement reconnue par la communauté internationale.

21. La condition essentielle pour être éligible à cette initiative repose sur la bonne exécution des programmes

d'ajustement structurel. Au terme du programme en cours, le dossier du Cameroun devrait être examiné avec le FMI et la Banque mondiale.

22. Le dossier du Cameroun devrait être préparé dès maintenant. Cette préparation doit se faire au niveau technique et sur le plan politique.

23. Au niveau technique :

- l'exploitation de l'initiative, afin d'en maîtriser tous les aspects et identifier les données économiques requises pour les simulations ;

- la collecte et la mise à jour de ces données ;

- l'élaboration de ces simulations ;

- la mise au point du dossier Cameroun avec un maximum de chance de succès ;

- un programme de travail doit être mis en place à cet effet.

24. Sur le plan politique

- prendre contact avec les autorités de la Banque mondiale et du FMI pour que les critiques formulées à l'endroit de l'initiative soient prises en compte. Le Cameroun doit notamment obtenir que soit pris en compte dans l'analyse de sa situation, l'épineux problème de la dette intérieure.

- lors de la prochaine réunion de la zone franc, le problème de l'amélioration des critères d'application de l'initiative PPTE devrait être clairement posé par le

Cameroun, avec un accent particulier sur la dette intérieure qui constitue un obstacle majeur à la relance économique ;

- au cours des prochaines assemblées annuelles du FMI et de la Banque mondiale, la délégation camerounaise devrait soulever le problème au sein du groupe africain et veiller à ce qu'il figure dans la déclaration commune du groupe ;

- des contacts bilatéraux et multilatéraux devraient également être organisés avec les principaux partenaires du Cameroun.

Bibliographie

- Debt Relief for Low-Income countries, The HIPC Initiative, Anthony R. Boote and Kamau Thugge, (1997), International Monetary Fund, Washington D.C., USA ;

- Stratégie de la dette, Conversion de Dettes et Programmes sociaux au Cameroun, Rapport de consultation, M. LABIDI, Conseiller régional principal (21 juillet 1997), CEA, Yaoundé ;

- Notes diverses sur les problèmes de la dette.

11.3.2. Les opérations de conversions de dettes[31], note technique (septembre 1998)

1. Depuis 1985, la dette du Cameroun s'est confirmée comme un obstacle au développement, compte tenu de son niveau devenu insupportable par les finances publiques. Une des solutions au problème de notre dette réside dans son rééchelonnement, tant au Club de Paris qu'au Club de Londres.

2. Après cinq rééchelonnements au Club de Paris, le Cameroun fait toujours face au problème du service de la dette. Il prépare en ce moment son premier passage au

Club de Londres pour un montant représentant à peine 6% du total de sa dette extérieure sur la base de l'encours au 31 mai 1997. Tout en poursuivant l'application aussi efficiente

[31] Isaac NJIEMOUN, Note technique, septembre 1998.

que possible de ces méthodes de réduction de notre dette, d'autres mécanismes méritent d'être également exploités : swap (de taux de change et de taux d'intérêt), rachat, conversion de dettes.

3. La présente note s'appesantit sur les conversions de dettes, qui comportent un double avantage : réduire le poids de la dette du Cameroun et favoriser le développement du pays par le biais des investissements induits par les conversions de dettes.

A. Le contenu et la portée des conversions de dettes

4. Comme instrument d'allégement de la dette et de développement, les conversions de dettes ont pris de l'ampleur au cours des années 1980 et 1990. En 1997, l'Afrique représentait encore moins de 50% des conversions réalisées.

5. Les conversions de dettes sont des opérations d'échange de la dette extérieure en monnaie, instrument financier ou action locaux. On distingue deux principales catégories de conversions de dette : conversions de dettes contre actifs et conversions de dettes pour le développement. Pour ces dernières, il y a lieu de noter : les conversions de dettes pour la nature (réalisation des projets liés à l'environnement), les conversions de dettes pour des programmes sociaux (éducation, famille, santé, pauvreté,…), autres.

6. Le Club de Paris et celui de Londres ainsi que la Banque mondiale (Debt Reduction Facility) ont prévu des mécanismes en faveur des opérations de conversions de dettes.

7. Les conversions de dettes pour le développement impliquent l'achat d'une dette extérieure sur le marché secondaire ou son annulation partielle ou complète par le créancier et l'utilisation des fonds locaux obtenus en

contrepartie pour financer des projets de développement et des actions sociales.

8. La notion d'avantage financier d'une conversion de dette est complexe. Les termes financiers d'une conversion de dette couvrent à la fois le taux de conversion lui-même, les taux de change, les clauses fiscales, l'apport d'argent frais, les éventuels paiements de dividendes … On considère que la conversion d'une dette est avantageuse financièrement pour le pays débiteur si la valeur actualisée des montants à payer sur une ou plusieurs années est inférieure à la valeur actualisée des dettes concernées, en tenant compte des possibles rééchelonnements ultérieurs. Il en résulte que le prix du marché secondaire est une indication utile.

B. Expérience du Cameroun dans les conversions de dettes

9. Le Cameroun a développé des opérations de dettes à travers le Fonds français de conversion de créances (créé au Sommet Afrique/France en octobre 1992 à Libreville, Gabon) ; avec la Belgique : l'État Belge a acheté les dettes Ducroire et mis en place avec le Cameroun un Fonds de contrepartie Belgo-camerounais. Des tentatives ont également été amorcées avec la République fédérale d'Allemagne et une ONG américaine.

10. Aujourd'hui, on constate que l'ensemble des efforts de conversion de dette fournis a été peu efficace pour des raisons propres au Cameroun (problème d'organisation pour tirer avantage des opportunités), des raisons imputables aux bailleurs de fonds (application peu efficiente des clauses des accords du Club de Paris, notamment) et celles relevant de la qualité des relations entre le Cameroun et certains bailleurs de fonds (cas des ONG non attirées par des opérations de ce type sur le Cameroun).

11. Le Cameroun devrait mettre à profit la titrisation de la dette intérieure (en s'en servant judicieusement dans les opérations de privatisation) et la coopération avec les Organisations non gouvernementales (ONG) nationales ou internationales pour développer un programme cohérent et suivi de conversions de dettes. Les tâches essentielles des ONG consisteraient à :

- identifier des projets sur des critères arrêtés à l'avance ;

- rassembler les dons et fonds nécessaires ;

- identifier les dettes éligibles et obtenir l'accord de conversion ;

- réaliser les projets.

12. Une analyse objective du mécanisme de conversions de dettes montre que moyennant quelques précautions somme toute faciles à mettre en place, les avantages des conversions de dettes l'emportent sur les inconvénients. Ces avantages sont :

a) Financiers : réduction de la dette et du service de la dette, promotion de flux de capitaux étrangers, rapatriements de capitaux, nouveaux investissements, réduction des risques, crédibilité financière accrue.

b) Économiques et sociaux : promotion de la politique sociale, promotion du développement, protection de l'environnement.

13. Les arguments qui précèdent doivent inciter le Cameroun à mieux définir et organiser un mécanisme approprié de conversions de dettes.

C. Mise en œuvre d'une politique et des programmes de conversions des dettes camerounaises

14. Pour mettre fin à la situation actuelle où les opportunités de conversions de dettes ne sont pas exploitées

et asseoir des politiques et programmes de conversions de dettes, les cinq recommandations suivantes s'avèrent dignes d'intérêt :

Recommandation 1 : Adopter une politique nationale de conversions de dettes et mettre en place un comité national ad hoc

La politique nationale de conversions de dettes doit préciser les objectifs visés et les orientations générales relatives aux :

- dettes éligibles à la conversion ;

- types de conversion retenus ;

- termes de conversion (termes financiers, types de dépenses à supporter) ;

- types d'entreprises, d'ONG et d'institutions éligibles ;

- modalités de mise en place de fonds locaux de conversion ;

- procédures de mise en œuvre des conversions ;

- modalités de sélection et préparation de programmes et projets éligibles.

15. Le comité national de conversion des dettes (CNCD) dont la présidence serait assurée par un représentant du ministre en charge de l'Économie et des Finances et le secrétariat par la Caisse autonome d'amortissement (CAA) devrait être composé des directions ci-après : Budget, Coopération économique et technique, Trésor, Prospective et développement, ainsi que des représentants de certains ministères sectoriels : Affaires sociales, Environnement et Forêts, Éducation nationale, Santé. Le comité aurait pour tâches essentielles de proposer la politique nationale en la matière et d'impulser la réalisation effective des opérations de conversions de dettes.

Recommandation 2 : Fixer des termes financiers avantageux pour les conversions de dettes

16. Une conversion de dettes sera avantageuse financièrement pour le Cameroun si la valeur actualisée des montants à payer par l'Etat sur une ou plusieurs années est inférieure à la valeur actualisée des dettes concernées, en tenant compte des possibles rééchelonnements (cf 8. supra).

Recommandation 3 : Mieux préparer les programmes et projets à financer par conversion de dettes

17. Pour ce faire, il est urgent de renforcer et de mieux rationaliser les services concernés par la préparation du Programme d'investissements prioritaires (PIP).

Recommandation 4 : Mettre rapidement en œuvre des conversions de dettes

18. Les premiers travaux du CNCD doivent consister à :

- identifier des dettes éligibles et rapidement convertibles ;

- identifier des projets éligibles, prioritaires et bien préparés ;

- utiliser davantage les possibilités offertes par le Fonds de Libreville, le Fonds belgo-camerounais et rendre effective la constitution du Fonds germano-camerounais ;

- préparer le budget du Comité (fonctionnement et concrétisation des opérations de conversions de dettes) ;

- négocier avec les créanciers ;

- préparer les demandes correspondantes à soumettre au gouvernement et aux créanciers ;

- préparer la documentation des transactions requises.

Recommandation 5 : Mieux informer et former les acteurs concernés par la conversion de dettes

Des séminaires bien ciblés, à l'instar de ce qui avait été arrêté avec la partie allemande lors des négociations de l'accord bilatéral de rééchelonnement des dettes du Cameroun en application du cinquième passage au Club de Paris, devraient être organisés.

Références bibliographiques

1. The Economist, (Sept. 20th-26th, 1997), A survey of the World Economy, The Future of the State ;

2. Accords bilatéraux de rééchelonnement des dettes du Cameroun ;

3. Stratégie de la dette, Conversion de dettes et programmes sociaux au Cameroun, Rapport de consultation, M. LABIDI, (21 juillet 1997), Conseiller régional principal, CEA, Yaoundé ;

4. Divers documents sur l'endettement.

Chapitre 12

La gouvernance économique

Sur le marché de l'endettement international, il ne suffit pas pour le pays débiteur de justifier sa présence, de fournir les raisons pour lesquelles il veut s'endetter. Il faut aussi que le créancier potentiel en soit convaincu ; et cela passe par la crédibilité du débiteur. Si le pays débiteur est connu au niveau international pour ses « éléphants blancs », c'est-à-dire des projets gigantesques qui ont bénéficié des financements et n'ont cependant pas été des réussites ; si le pays débiteur n'assure pas à temps son service de la dette, il s'agit là de signes nuisibles à la crédibilité. Il est donc important pour tout pays débiteur de veiller à la gouvernance économique.

Pour Allaire et Firsirotu, « La gouvernance devrait être un aiguillon de haute performance, un souffle d'énergie ; elle doit contribuer à la création de valeurs durables pour l'organisation »[32]. La gouvernance est ici comprise comme un processus, un art voire une manière de se comporter pour le pays débiteur, d'abord par rapport à ce qu'il fait en interne, dans son environnement immédiat, et par la suite à l'échelle mondiale.

12.1. La gouvernance stratégique

Pour asseoir la gouvernance stratégique, le pays débiteur doit organiser sa gestion économique de manière à proposer des prémisses, des principes et des pratiques pertinents. Tout cet ensemble doit pouvoir convaincre les partenaires

[32] allaire et Firsirotu, 2003, in modèle d'analyse d'une organisation.

techniques et financiers du pays débiteur. Ainsi va se créer entre les différents acteurs une culture de gestion saine et responsable. L'évolution de tous les secteurs économiques et du fonctionnement global des différentes composantes de la vie nationale doit permettre de construire une banque de données fiables. Ces données devraient être exploitables pour mesurer la gouvernance, grâce entre autres au projet développé par la Banque mondiale pour la détermination des indicateurs globaux et individuels de la gouvernance. Six dimensions sont définies par la Banque à cet effet :

- « accountability » (voix et reddition des comptes) ;
- stabilité politique et absence de violence ;
- efficacité de la gouvernance ;
- qualité de la régulation ;
- État de droit ;
- contrôle de la corruption.

Si la Banque mondiale met un accent particulier sur la gouvernance économique dont elle s'efforce de mesurer la performance, c'est pour mieux justifier ses appels à un élargissement de l'accès aux finances. D'où la déclaration suivante exprimée en novembre 2007, par Asli Demirgüç-Kunt, directeur de recherche en chef, Financement et secteur privé, à la Banque mondiale : « Les réformes qui favorisent l'accès aux services financiers devraient être au cœur du développement. Faciliter l'accès au financement permet non seulement de stimuler la croissance économique, mais aussi de contribuer à la lutte contre la pauvreté, et de réduire l'écart de revenu entre les riches et les pauvres ». Le rapport 2007 de recherche sur les politiques publié par la Banque mondiale sous le titre « La finance pour tous ? Politiques et écueils du développement de l'accès aux finances », illustre bien les propos ci-dessus de Demirgüç-Kunt, qui en est d'ailleurs le directeur de publication. Selon les conclusions du rapport, l'Éthiopie a moins d'une agence bancaire pour 100 000 habitants, tandis qu'au Cameroun, l'ouverture d'un compte-chèques revient à 700 dollars, soit plus que le PIB par habitant. Dans l'ensemble de l'Afrique subsaharienne, seulement 20% des ménages ont ouvert des comptes auprès d'institutions financières. Les pays en développement doivent, au niveau des décideurs, mieux faire jouer à l'État son rôle de régulateur et de facilitateur, notamment dans le secteur financier, l'argent étant comme dit l'adage bien connu, « le nerf de la guerre ».

12.2. La mise en œuvre d'un partenariat fondé sur l'éthique

Pour véritablement permettre aux différents acteurs de la société, notamment les plus pauvres, d'accéder aux finances de la part des partenaires techniques et financiers, les pays en développement devraient les impliquer dans la démarche de la gouvernance économique comportant trois phases :

- la mise à disposition des données socio-économiques : celles-ci doivent relever des banques de données régulièrement mises à jour ;

- la collecte des avis des différents acteurs, avec patience et compréhension, au travers de consultations élargies à tous ;

- l'organisation des échanges permettant davantage de concertation.

Pour ce qui est spécifique au secteur financier, les pays en développement devraient approfondir les études à leur niveau pour mieux tenir compte des réalités de chacun d'eux ; l'exploitation des résultats de ces études et des conclusions du rapport de la Banque mondiale devrait permettre d'axer les politiques publiques dans le secteur financier sur les principaux aspects que sont : des réformes institutionnelles prioritaires, la promotion des technologies efficaces, la stimulation de la concurrence et de la stabilité, la priorité aux plus pauvres des pauvres.

(a) mise en œuvre des réformes institutionnelles prioritaires : en dehors des réformes de grande envergure qui sont souvent à long terme, à l'instar de la protection des droits de propriété contre l'expropriation, d'autres types de réformes sont susceptibles d'améliorer l'accès au financement à moyen et court terme ; celles-ci vont essentiellement porter sur l'amélioration des structures d'information, notamment la création des registres de crédit, la législation sur le crédit-bail et l'affacturage, ainsi que le renforcement des procédures permettant de porter assistance aux prêteurs individuels en quête de leur dû, surtout en cas de nantissement.

(b) promotion des technologies ayant un bon rapport coût-efficacité : favoriser les services financiers à faible coût, basés sur l'internet et le téléphone mobile, en évitant d'y opposer tout obstacle d'ordre juridique ; veiller à la mise à jour régulière des textes législatifs en vigueur ; favoriser la prolifération des établissements de microfinance, en veillant à leur meilleur fonctionnement.

(c) stimulation de la concurrence et de la stabilité : encourager l'ouverture et la concurrence du système bancaire, y compris les banques privées et les banques étrangères ; offrir des mesures incitatives règlementaires ; promouvoir la stabilité en luttant contre des abus à l'endroit des plus pauvres.

(d) protection des plus pauvres des pauvres : offrir des subventions de manière ciblée, en faveur des plus pauvres, afin de leur faciliter l'accès au secteur financier.

12.3. Deux ingrédients contributifs à la connaissance de l'évolution de l'environnement international

12.3.1. Les origines de la crise financière internationale de 2007 : la crise des subprimes[33]

La crise financière mondiale de 2007, connue sous le nom de crise financière des subprimes, éclate en août 2007. Elle résulte d'un ensemble de causes qui se déroulent en cinq étapes.

Première étape : la crise financière se déclenche aux États-Unis d'Amérique en août 2007

La crise qui débute en août 2007 a pour cause les subprimes, résultant des prêts hypothécaires consentis à la classe moyenne américaine. Dans la pratique, lorsqu'un particulier veut acquérir un appartement, il peut emprunter auprès de sa banque, en fonction de son salaire et de sa capacité à faire face au service de la dette qui en résulte. L'emprunt étant proportionnel au salaire, si le coût de l'appartement est au-delà du seuil de la proportion du salaire compatible, le particulier ne pourra pas emprunter et, en conséquence, il ne lui sera pas possible d'acheter l'appartement.

Afin de contourner cet inconvénient, les Américains ont créé des subprimes : vous pouvez emprunter même si votre salaire n'est pas très élevé, car c'est la maison objet de la transaction qui constitue la garantie. Donc, si vous ne pouvez pas rembourser, la banque pourra récupérer la maison et la vendre pour se rembourser le montant que vous lui devez. Les prix de l'immobilier deviennent alors l'élément déterminant : quand ils baissent, les banques paniquent. Pourquoi ? Parce que du fait de la baisse drastique des prix de l'immobilier aux États-Unis, la banque qui a prêté perd de l'argent, car elle ne peut pas récupérer son dû en vendant la

---

[33] Isaac NJIEMOUN, avril 2009.

maison. Ainsi naît la crise des subprimes : des banques qui avaient eu trop recours à ce type de prêt se sont retrouvées dans une situation financière critique. Plus de deux millions de personnes se retrouvent ruinées aux États-Unis, faute de pouvoir rembourser leurs emprunts.

Deuxième étape : toutes les banques sont touchées à cause de la titrisation

Dans la tentative de limiter les risques de ces crédits d'un nouveau genre, les banquiers ont eu recours à la titrisation. Les emprunts ont été transformés en titres sur les marchés boursiers. En clair, si un particulier emprunte 1 000 euros, il doit rembourser par exemple 1 200 euros, y compris les intérêts. Afin de gagner de l'argent plus rapidement, les banques ont émis des titres de dette, c'est-à-dire un papier donnant droit à ces 1 200 euros. Ces titres de dette se sont échangés sur les places boursières. Quel intérêt représentent ces titres pour leurs acheteurs ? Si un acquéreur achète son titre à 1 100 euros, il est assuré de recevoir 1 200 euros. Or dès lors que celui qui doit rembourser l'emprunt pour l'achat de sa maison ne peut plus payer, le titre n'a plus de valeur. Ce sont ces montages financiers complexes qui expliquent la chute de la bourse, les banques étrangères, notamment européennes, s'étant aperçues qu'elles possédaient des titres de subprimes sans aucune valeur.

Troisième étape : les banques se méfient et ne prêtent plus d'argent

Au départ, les banques étrangères se sont voulues rassurantes. C'est ainsi qu'en France, le directeur de la BNP a d'abord affirmé que sa banque n'avait pas procédé à des placements risqués de ce genre. C'est quelques jours après analyse que la BNP réalise qu'elle possède des subprimes. Le Jeudi 9 août 2008, cette banque décide de geler la cotation de trois fonds d'investissement. Alors, la panique gagne les marchés, car plus personne ne leur fait confiance. Du coup, les banques vont se méfier les unes des autres au point de ne plus vouloir se prêter de l'argent entre elles. Certaines banques vont donc connaître la faillite du fait de cette crise de confiance des marchés interbancaires, malgré l'injection de milliards de dollars de la Réserve fédérale américaine.

Quatrième étape : faute de liquidité, certaines banques sont asphyxiées dès 2007

Des banques ont fait faillite en tant que victimes du fonctionnement du système bancaire. Quand vous empruntez 100 000 euros à la Société Générale, celle-ci augmente la masse monétaire de 100 000 euros. Elle crée donc 100 000 euros. Mais afin d'éviter l'emballement de la machine/planche à billets (création de la monnaie sans contrôle), la Société Générale doit déposer une partie de cette somme sur un compte de la Banque centrale européenne (BCE). C'est ce qu'on appelle les « réserves obligatoires ». Si le taux de réserves obligatoires est de 1%, la Société Générale devra donc déposer sur le compte de la Banque centrale européenne 1 000 euros. Par ce système, la Banque centrale européenne contrôle la création monétaire.

Des fois, les banques n'ont pas les liquidités nécessaires pour accorder des crédits, car le flux entre l'argent déposé par les épargnants et l'argent prêté aux autres clients des banques n'est jamais équilibré à l'instant T. Les banques empruntent donc de l'argent à une autre banque pour pouvoir verser la « réserve obligatoire » à la BCE afin de pouvoir accorder le crédit au client. Dans la pratique courante du marché monétaire, les banques se soutiennent et se prêtent de l'argent entre elles. Mais dès qu'advient une crise de confiance, c'est tout le système qui s'écroule. Aux fins d'éviter un effondrement et des faillites en cascades, la Banque centrale « injecte » des milliards, c'est-à-dire qu'elle donne l'occasion aux banques de récupérer des liquidités à très faible coût.

En dépit de cette intervention de la Banque centrale, certaines banques se sont asphyxiées, en perdant des sommes colossales avec les subprimes, et se sont trouvées dans l'impossibilité de poursuivre leur activité d'octroi de crédit à cause de la méfiance des autres banques ayant refusé de leur prêter des liquidités à cette fin. Un grand nombre de banques ont connu des situations difficiles : c'est le cas en Grande Bretagne de la Northern Rock qui a dû être nationalisée pour ne pas disparaître.

Cinquième étape : la panique gagne les marchés financiers en 2008

Au début de l'année 2008, beaucoup d'économistes pensaient que la fin de la crise était imminente. La crise des subprimes étant bien identifiée, et les banques ayant revendu les titres à risques, la crise financière était sur le point de se terminer après un dernier soubresaut en fin 2007. Mais la crise est repartie de plus belle en février 2008 après l'arrêt des comptes annuels des banques au titre de 2007. Les banques se sont rendu compte que les pertes se sont avérées plus importantes que prévu : la conjugaison de la chute de l'immobilier, de la crise des subprimes et des soubresauts de la bourse a fait chuter les cours ; les pertes d'actifs se sont montées à plusieurs dizaines de milliards de dollars pour certaines banques. C'est le cas de Citibank, qui était la première banque au niveau mondial jusqu'à cette crise.

En conséquence, la crise financière qui était d'abord une crise bancaire va se transformer en krach boursier. À chaque mauvaise nouvelle ou publication des comptes d'une banque, le titre de la banque chute sur les marchés financiers. Les banques enregistrent des pertes colossales et comme en 2007, elles peinent à trouver des liquidités ; les banques ne se font plus confiance, ce qui grippe le marché interbancaire. Des établissements de crédit ont vu leur valeur boursière chuter en quelques semaines : c'est notamment le cas de AIG, numéro un de l'assurance, qui a perdu 45% de sa valeur en une semaine et 79% sur un an ; Lehmann Brothers, la quatrième banque d'affaires de Wall Street, a perdu 45% de sa valeur en une seule journée et 94% sur un an. Depuis la crise de 1929, le monde n'avait jamais connu des chutes aussi vertigineuses.

Références bibliographiques

1. La crise des subprimes, Rapport Patrick Artus, Jean-Paul Betbèze, Christian de Boissieu et Gunther Capelle-Blancard, (avril 2008), Conseil d'analyse économique (CAE), Paris ;

2. Divers articles du « Monde ».

I.N., Dimanche, 26 avril 2009

12.3.2. Les dix-sept (17) objectifs de développement durable (ODD)[34]

Réunis le 25 septembre 2015 en marge de l'assemblée générale des Nations unies, 193 pays membres de l'Organisation des Nations unies (ONU) s'engagent à atteindre 17 objectifs mondiaux. Pour y parvenir, ces pays veulent réaliser trois ambitions majeures à l'horizon 2030 :

- Mettre fin à l'extrême pauvreté ;
- Lutter contre les inégalités et l'injustice ;
- Résoudre le problème du changement climatique.

Ces objectifs sont appelés « Objectifs de développement durable (ODD) » ; ils font partie du nouveau programme de développement post-2015, intitulé « Transformer notre monde : le programme de développement durable à l'horizon 2030 ».

Les objectifs de développement durable s'appuient sur les huit (08) « Objectifs du Millénaire pour le développement

[34] Communiqué des Nations unies du 25 septembre 2015.

(OMD) » visant à lutter contre la pauvreté lancée en 2000, et que le monde s'était engagé à atteindre en 2015. La différence entre les ODD et les OMD tient à ce que le programme des ODD est beaucoup plus ambitieux et détaillé que le précédent, celui des OMD. Le programme des ODD fixe 17 objectifs mondiaux déclinés en 169 « cibles » sur une durée de 15 ans, comme ce fut le cas pour les OMD.

Les 17 objectifs de développement durable (ODD) :

1. Éradication de la pauvreté : sous toutes ses formes partout dans le monde.

2. Lutte contre la faim : éliminer la faim et la famine, assurer la sécurité alimentaire, améliorer la nutrition et promouvoir une agriculture durable.

3. Accès à la santé : donner aux individus les moyens de mener une vie saine et promouvoir le bien-être de tous à tous les âges.

4. Accès à une éducation de qualité : veiller à ce que tous aient accès à l'éducation et promouvoir des possibilités d'apprentissage de qualité dans des conditions équitables tout au long de la vie.

5. Égalité entre les sexes : parvenir à l'égalité des sexes en autonomisant les femmes et les filles.

6. Accès à l'eau salubre et l'assainissement : garantir l'accès de tous à des services d'approvisionnement en eau et d'assainissement et assurer une gestion durable des ressources en eau.

7. Recours aux énergies renouvelables : garantir l'accès de tous à des services énergétiques fiables, durables et renouvelables à un coût abordable.

8. Accès à des emplois décents : promouvoir une croissance économique soutenue, partagée et durable, le plein emploi productif et un travail décent pour tous.

9. Innovation et infrastructures : mettre en place une infrastructure résistante, promouvoir une industrialisation durable qui profite à tous et encourager l'innovation.

10. Réduction des inégalités : réduire les inégalités entre les pays et en leur sein.

11. Villes et communautés durables : créer des villes et des établissements humains ouverts à tous, sûrs, résistants et durables.

12. Consommation responsable : instaurer des modes de consommation et de production durables.

13. Lutte contre le changement climatique : prendre des mesures d'urgence pour lutter contre les changements climatiques et leurs répercussions.

14. Protection de la faune et de la flore aquatiques : conserver et exploiter de manière durable les océans, les mers et les ressources marines aux fins du développement durable.

15. Protection de la faune et de la flore terrestres : préserver et restaurer les écosystèmes terrestres, en veillant à les exploiter de façon durable, gérer durablement les forêts, lutter contre la désertification, enrayer et inverser le processus de dégradation des terres et mettre fin à l'appauvrissement de la biodiversité.

16. Justice et paix : promouvoir l'avènement de sociétés pacifiques et ouvertes aux fins du développement durable, assurer à tous l'accès à la justice et mettre en place, à tous les niveaux, des institutions efficaces, responsables et ouvertes.

17. Partenariats pour les objectifs mondiaux : revitaliser le partenariat mondial au service du développement durable et renforcer les moyens de ce partenariat.

Les pays promettent aussi de lutter contre le changement climatique. Tous les objectifs intègrent la protection de l'environnement. Il est à souhaiter que la mise en œuvre des dix-sept objectifs des ODD connaisse davantage de succès, comparativement aux résultats mitigés enregistrés par la communauté internationale en fin 2015 au niveau des objectifs de développement du millénaire. Les Nations unies et les pays membres devraient tirer les leçons de la période 2000-2015, en vue d'une meilleure mise en œuvre des engagements sur la période 2015-2030.

Conclusion

Le monde est devenu tellement interdépendant qu'aucune économie ne peut éprouver des difficultés sans que celles-ci aient des répercussions sur les autres. Il y a plus de trente ans, Jacques de Larosière[35], alors Directeur général du Fonds monétaire international, déclarait que « Le monde est soumis à la nécessité d'un formidable effort d'ajustement économique. Cet effort n'épargne aucun pays, pauvre ou riche, petit ou grand ». Ces paroles résonnent encore dans nos oreilles aujourd'hui, comme pour nous rappeler ces réalités de complémentarité nécessaire entre pays en développement et pays industrialisés. Ce rappel est d'autant retentissant que le phénomène des subprimes des années 2007 et 2008 est encore présent dans nos esprits, avec ses effets négatifs bien connus, dont toutes les économies du monde ont souffert à des degrés divers.

L'endettement international en lui-même n'est pas un mal ; il est un vecteur indispensable de promotion du développement, dans le sillage de la mondialisation. Mais l'endettement peut devenir un problème, comme le démontre l'histoire de l'économie mondiale, du fait de la manière dont il est généré et géré. Les politiques d'endettement doivent être prudentes, afin de veiller à une compatibilité parfaite entre les caractéristiques d'un financement et la nature du projet auquel il est destiné : la règle d'or, c'est que dans la mesure du possible, le projet bénéficiaire d'un financement « sécrète » lui-même son service de la dette. Autant les créanciers doivent faire preuve de pudeur dans la recherche

---

[35] allocution prononcée devant la Chambre nationale des conseillers financiers, à Paris, le 1er avril 1982.

de rentabilité de leurs prêts et crédits, autant les débiteurs doivent prendre soin de leur crédibilité grâce à une gestion efficace de la dette générée.

Gouvernance à la fois stratégique et éthique devrait être la boussole de la complémentarité nécessaire entre créanciers et débiteurs, pour un développement inclusif durable à visage humain.

Annexes

ANNEXE

CINQUIEME RÉÉCHELONNEMENT DE LA DETTE DU CAMEROUN AU CLUB DE PARIS

LES 23 ET 24 OCTOBRE 1997

- La réunion est présidée par le président du Club de Paris. Elle se tient à la suite de la requête du Cameroun adressée au Club de Paris par le ministre en charge de l'économie et des finances.

- Quinze pays créanciers participent à la réunion, aux côtés des représentants (observateurs) du Fonds monétaire international (FMI), de la Banque internationale pour la reconstruction et le développement (BIRD), de l'Organisation de Coopération et de Développement économiques (OCDE), de la Conférence des Nations Unies pour le Commerce et le Développement (CNUCED), de la Commission européenne (CE).

- Après le mot introductif du président du Club de Paris, la parole est donnée tour à tour aux intervenants suivants, qui relèvent respectivement des points saillants :

Le ministre en charge de l'économie et des finances du Cameroun :

- rappel succinct de quelques faits significatifs de l'évolution économique du Cameroun au cours des années récentes ;
- indication des difficultés rencontrées et des mesures prises pour y faire face avec détermination par le gouvernement ;

- rappel des principaux objectifs macroéconomiques visés par les autorités camerounaises : taux de croissance en termes réels d'au moins 5% par an, dans le cadre du respect des équilibres macroéconomiques et sous l'impulsion des exportations du secteur primaire et du secteur secondaire hors industries extractives ; réduction du taux d'inflation à 2% par an ; stabilisation du déficit courant de la balance des paiements à 2% du produit intérieur brut (PIB) ; réalisation d'un excédent primaire d'au moins 5,5% du PIB, au travers d'une augmentation substantielle des recettes et d'un contrôle plus strict des dépenses publiques ;

- efforts de normalisation des relations entre le Cameroun et ses créanciers extérieurs, avec notamment un accent sur l'apurement systématique des arriérés sur la dette non rééchelonnable envers les créanciers multilatéraux et bilatéraux, dont les membres du Club de Paris ;

- présentation détaillée de la requête du Cameroun auprès des créanciers membres du Club de Paris, en vue de soutenir l'action du gouvernement du Cameroun.

Le représentant du Fonds monétaire international (FMI) :

- point d'exécution du programme d'ajustement du Cameroun à moyen terme ;

- niveau des efforts déployés par le Cameroun et nécessité de restructuration de la dette publique pour favoriser la croissance économique ;

- crédibilité du programme appuyé par le FMI : détermination affichée des autorités camerounaises pour sa mise en œuvre ; progrès palpables enregistrés dans la mise en œuvre des réformes économiques ;

renforcement des finances publiques et réduction des arriérés au titre de la dette extérieure ;

- appui du FMI au programme des autorités camerounaises pour la période 1997/1998 : réduction substantielle des déséquilibres financiers intérieurs et extérieurs, maintien de l'économie sur le sentier d'une croissance durable et réduction de la pauvreté.

Le représentant de la Banque mondiale (BIRD) :

- appui de l'évaluation faite par le FMI : ajustement substantiel réalisé par le Cameroun depuis la dévaluation du Franc CFA en janvier 1994 ;
- confirmation des efforts du gouvernement du Cameroun dans le cadre de la mise en œuvre de la stratégie d'assistance de la Banque mondiale aux fins de promotion de la croissance économique et de réduction de la pauvreté au travers de (a) la consolidation des effets de la dévaluation du franc CFA de 1994, (b) la création d'un environnement favorable au développement du secteur privé, et (c) l'amélioration de la qualité et de l'accès à la santé, l'éducation, l'eau potable et l'hygiène ;
- existence d'un potentiel susceptible de booster la croissance économique ; assistance confirmée du groupe de la Banque mondiale.

Le représentant de la CNUCED :

- existence d'une bonne base de diversification économique et d'un bon potentiel de développement : revenu par tête d'habitant au-dessus de la moyenne de l'Afrique subsaharienne ; deuxième économie importante de la zone franc ;

- nécessité pour le gouvernement de persévérer dans la mise en œuvre de réformes entreprises, en vue d'une croissance durable ; nécessité de remédier à la détérioration des conditions sociales et des infrastructures ;

- poids de la dette extérieure important malgré les efforts déployés jusque-là par les autorités camerounaises ;

- avec une espérance de vie de 55 ans et un taux d'analphabétisme de 38%, le Cameroun est encore classé par le PNUD parmi les pays à niveau de développement humain faible ;

- faible niveau de l'investissement direct étranger en faveur du Cameroun, d'où besoin de desserrement de l'étau d'endettement.

- Les négociations des termes de la restructuration de la dette du Cameroun s'engagent entre la délégation du Cameroun (installée dans une salle séparée) et l'ensemble des représentants des créanciers (restés dans la salle de la réunion plénière). Le président du Club de Paris fait la navette entre les deux salles, jusqu'à ce que les deux parties tombent d'accord sur les conditions de restructuration de la dette du Cameroun.

- Au terme de deux jours de négociations (y compris une séance de nuit jusqu'au petit matin !), les deux parties parviennent à un accord, d'où la signature du procès-verbal par le président du Club de Paris, le chef de la Délégation du Cameroun, et les représentants des quinze pays créanciers participants. Le Club de Paris publie un communiqué de presse.

PROCÈS-VERBAL AGRÉÉ RELATIF A LA CONSOLIDATION DE LA DETTE DE LA RÉPUBLIQUE DU CAMEROUN

I.A/ PRÉAMBULE

1. Les représentants des Gouvernements de l'Allemagne, de l'Autriche, de la Belgique, du Canada, du Danemark, de l'Espagne, des États-Unis d'Amérique, de la Finlande, de la France, de l'Italie, du Japon, des Pays-Bas, du Royaume-Uni, de la Suède et de la Suisse, ci-après désignés « Pays créanciers participants », se sont réunis à Paris les 23 et 24 octobre 1997 avec les représentants du Gouvernement de la République du Cameroun pour examiner la demande d'allégement du service de la dette extérieure de ce pays. Des observateurs du gouvernement de la Fédération de Russie ainsi que du Fonds monétaire international, de la Banque internationale pour la Reconstruction et le Développement, du Secrétariat de la CNUCED, de l'Organisation de Coopération et de Développement économiques et de la Commission européenne ont également assisté à la réunion.

2. La délégation de la République du Cameroun a décrit les graves difficultés que connaît son pays dans les domaines économiques et financiers et sa ferme détermination à résorber les déséquilibres économiques et financiers et à atteindre les objectifs définis par le programme que sous-tendent les accords conclus au titre de la Facilité d'Ajustement structurel renforcée avec le Fonds monétaire international.

3. Les représentants du Fonds monétaire international ont décrit la situation économique de la République du Cameroun

ainsi que les principaux éléments du programme d'ajustement adopté par le Gouvernement de la République du Cameroun et appuyé par des accords au titre de la Facilité d'Ajustement structurel renforcée avec le Fonds monétaire international. Le premier accord annuel, qui a été approuvé par le Conseil d'Administration du Fonds monétaire international le 20 août 1997, couvre la période s'étendant jusqu'au 19 août 1998 et comporte des engagements précis dans le domaine économique et dans le domaine financier.

4. Les représentants des gouvernements des pays créanciers participants ont pris note des mesures importantes de redressement incluses dans le programme économique et financier entrepris par le Gouvernement de la République du Cameroun et ont souligné l'importance qu'ils attachent à sa réalisation régulière et totale et, en particulier, à la revitalisation du secteur productif et à l'amélioration de la gestion des finances publiques.

Ils ont pris note des graves problèmes de la balance des paiements et de l'endettement très important que connaît la République du Cameroun, conjugués avec un très faible niveau de revenu par habitant, qui leur a paru mériter un traitement exceptionnel de la dette, étant donné le programme d'ajustement important mentionné ci-dessus.

B/ DÉFINITIONS

1. Dans le cadre du présent Procès-Verbal agréé, « le Taux approprié du Marché » est le taux, arrondi au 1/16ème de point le plus proche, et les conditions d'intérêt qui seront déterminées bilatéralement entre le Gouvernement de la République du Cameroun et le Gouvernement ou les institutions appropriées de chaque pays créancier participant.

2. Les Tables authentifiées, annexées au présent Procès-Verbal agréé et visées ci-après, forment partie intégrante du présent Procès-Verbal agréé. S'agissant des échéanciers de

remboursement indiqués dans les tables A1, A2, C1, et D1, il est entendu que 'semestre' est une période de six mois successifs. Le premier semestre visé dans les Tables est la période débutant le 15 septembre 1999. Il est entendu que pour chaque semestre la date d'échéance est le premier jour du semestre correspondant.

3. Les intérêts de retard sont les intérêts qui s'appliquent entre la date contractuelle de paiement du principal et des intérêts dus non payés et une date à fixer dans les accords bilatéraux conclus en application du présent Procès-Verbal agréé.

II. RECOMMANDATIONS RELATIVES AUX TERMES DU RÉAMÉNAGEMENT

Considérant les sérieuses difficultés de paiement rencontrées par la République du Cameroun, les représentants des pays créanciers participants sont convenus de recommander à leurs gouvernements ou organismes appropriés de procéder à un allégement de la dette de la République du Cameroun au moyen d'un rééchelonnement ou d'un refinancement, dans les termes suivants :

1. Définition des dettes concernées

Les dettes auxquelles ce réaménagement s'applique sont :

a) les crédits commerciaux, comportant initialement une durée de crédit supérieure à un an, garantis ou assurés par les Gouvernements ou les organismes appropriés des pays créanciers participants, ayant fait l'objet d'un contrat ou de toute autre forme d'arrangement financier conclu avant le 31 décembre 1988, y compris les paiements dus au titre de consolidations bilatérales antérieures, accordés au Gouvernement de la République du Cameroun ou bénéficiant de sa garantie ;

b) les prêts gouvernementaux ou des organismes appropriés des pays créanciers, comportant initialement une durée de crédit supérieure à un an, conclus avant le 31 décembre 1988, y compris les paiements dus au titre de consolidations bilatérales antérieures, accordés au Gouvernement de la République du Cameroun ou bénéficiant de sa garantie ;

c) les remboursements en principal et en intérêts résultant des accords de consolidation conclus en application des Procès-Verbaux agréés des 24 mai 1989 et 23 janvier 1992 ;

d) les remboursements en principal et en intérêts résultant des accords de consolidation conclus en application du Procès-Verbal agréé du 25 mars 1994 (à l'exclusion des montants visés à l'article II paragraphe 2.E/ et des montants visés à l'article III paragraphe 8.b)) et en application du Procès-Verbal agréé du 16 novembre 1995 (à l'exclusion des montants visés à l'article II paragraphe 2.E/ et des montants visés à l'article II paragraphes 8.a) et 8.b)) ;

e) les remboursements en intérêts résultant des montants reprofilés en application de l'article II paragraphe 2.E/ du Procès-Verbal agréé du 25 mars 1994 et de l'article II paragraphe 2. E/ du Procès-Verbal agréé du 16 novembre 1995.

Il est entendu que le service de la dette, au titre des dettes décrites ci-dessus et effectué au travers de mécanismes spéciaux de paiement ou d'autres comptes extérieurs, est inclus dans la présente réorganisation. Les pays créanciers participants rééchelonneront, refinanceront ou prendront d'autres mesures appropriées afin d'assurer que cette catégorie de dettes sera traitée selon des termes comparables à ceux appliqués aux autres dettes visées dans ce Procès-Verbal agréé.

2. Termes de consolidation

L'allégement de la dette s'appliquera sur les bases ci-dessous :

A/ S'agissant des crédits ou des prêts accordés ou garantis par les Gouvernements du Canada, des États-Unis d'Amérique, des Pays-Bas, du Royaume-Uni et de la Suède ou leurs institutions appropriées

a) 50% des montants en principal et en intérêts (à l'exclusion des intérêts de retard) payables au 30 septembre 1997 inclus et non réglés et 50% des montants en principal et en intérêts (à l'exclusion des intérêts de retard) dus du 1er octobre 1997 au 31 août 2000 inclus et non réglés sur les crédits, les prêts et les consolidations mentionnés aux paragraphes 1.a), 1.b) et 1.c ci-dessus et non concernés par le paragraphe C/ ci-dessous, n'auront pas à être remboursés par le Gouvernement de la République du Cameroun. Les 50% restants seront rééchelonnés ou refinancés. Le remboursement par le Gouvernement de la République du Cameroun des sommes correspondantes sera effectué comme indiqué à la Table A1 annexée au présent Procès-Verbal agréé ;

b) les taux et les conditions d'intérêts sur les accords de rééchelonnement ou de refinancement couverts par le paragraphe a) ci-dessus, seront fixés bilatéralement entre le Gouvernement de la République du Cameroun et le gouvernement ou les institutions appropriées de chacun des pays créanciers participants concernés sur la base du Taux approprié du Marché.

B/ S'agissant des crédits ou des prêts accordés ou garantis par les Gouvernements de l'Autriche, de la Belgique, du Danemark, de l'Espagne, de la France, de l'Italie et de la Suisse ou leurs institutions appropriées

a) 100% des montants en principal et en intérêts (à l'exclusion des intérêts de retard) payables au 30 septembre 1997 inclus et non réglés et 100% des montants en principal et en intérêts (à l'exclusion des intérêts de retard) dus du 1er octobre 1997 au 31 août 2000 inclus et non réglés sur les crédits, les prêts et les consolidations mentionnés aux paragraphes 1.a), 1.b) et 1.c) ci-dessus et non concernés par le paragraphe C/ ci-dessous, seront rééchelonnés ou refinancés.

Le remboursement par le Gouvernement de la République du Cameroun des sommes correspondantes sera effectué comme indiqué à la Table A2 annexée au présent Procès-Verbal agréé.

b) Les taux et les conditions d'intérêts sur les accords de rééchelonnement ou de refinancement couverts par le paragraphe a) ci-dessus, seront déterminés bilatéralement entre le Gouvernement de la République du Cameroun et le gouvernement ou les institutions appropriées de chacun des pays créanciers participants concernés sur la base du Taux approprié du Marché, et de la réduction en valeur nette actualisée à effectuer sur les catégories de dette définies au paragraphe c) ci-dessous, conformément à la Table B2 annexée au présent Procès-Verbal agréé ;

c) La réduction en valeur nette actualisée est de 50% sur les crédits, les prêts et les consolidations mentionnés aux paragraphes 1.a), 1.b) et 1.c) ci-dessus.

C/ S'agissant des prêts de l'Aide publique au Développement (APD) accordés par les Gouvernements ou leurs institutions appropriés des pays créanciers participants énumérés aux paragraphes A/ et B/ ci-dessus ainsi que par les Gouvernements de la Finlande et du Japon ou leurs institutions appropriées

a) Le présent paragraphe s'applique aux prêts de l'Aide publique au Développement (APD), tels que définis par l'OCDE, accordés par les Gouvernements ou les institutions appropriées de chacun des pays créanciers participants concernés par les paragraphes A/ et B/ ci-dessus ainsi que par les Gouvernements de la Finlande et du Japon ou leurs institutions appropriées, conclues avant le 31 décembre 1988, ainsi qu'à la consolidation de tels prêts effectués en application d'un accord conclu conformément aux Procès-Verbaux agréés des 24 mai 1989 et 23 janvier 1992.

b) reconnaissant la grande valeur des contributions déjà apportées par les pays créanciers participants, par divers moyens, dans le but d'alléger davantage la charge du service de ces dettes, 100% des montants en principal et en intérêts (à l'exclusion des intérêts de retard) payables au 30 septembre 1997 inclus et non réglés et 100% des montants en principal et en intérêts (à l'exclusion des intérêts de retard) dus du 1er octobre au 31 août 2000 inclus et non réglés sur les prêts et les consolidations mentionnées au paragraphe a) ci-dessus seront rééchelonnés ou refinancés.

Le remboursement par le Gouvernement de la République du Cameroun des sommes correspondantes sera effectué comme indiqué à la Table D1 annexée au présent Procès-Verbal agréé.

c) Les taux et les conditions d'intérêts sur les accords de rééchelonnement ou de refinancement couverts par le paragraphe b) ci-dessus seront déterminés bilatéralement entre le Gouvernement de la République du Cameroun et le Gouvernement ou les institutions appropriées de chacun des pays créanciers participants concernés. Ces taux et conditions d'intérêts seront au moins aussi favorables que les taux concessionnels s'appliquant à ces prêts.

D/ S'agissant des crédits ou des prêts accordés ou garantis par le Gouvernement de l'Allemagne ou ses institutions appropriées

a) 100% des montants en principal et en intérêts (à l'exclusion des intérêts de retard) payables au 30 septembre 1997 inclus et non réglés et 100% des montants en principal et en intérêts (à l'exclusion des intérêts de retard) dus du 1er octobre 1997 au 31 août 2000 inclus et non réglés sur les crédits, les prêts et les consolidations mentionnés aux paragraphes 1.a), 1.b) et 1.c) ci-dessus seront rééchelonnés ou refinancés.

50% des intérêts dus du 1er octobre 1997 au 31 août 2000 inclus sur les dettes consolidées mentionnées ci-dessus (à l'exclusion des prêts d'Aide publique au Développement) seront capitalisés.

Le remboursement par le Gouvernement de la République du Cameroun des sommes correspondantes sera effectué comme indiqué à la Table C1 annexée au présent Procès-Verbal agréé.

b) Les taux et les conditions d'intérêts sur les accords de rééchelonnement ou de refinancement d'Aide publique au Développement couvert par le paragraphe a) ci-dessus, seront déterminés bilatéralement entre le Gouvernement de la République du Cameroun et le Gouvernement ou les institutions appropriés du pays créancier participant concerné, sur la base du Taux approprié du Marché. Pour ce qui concerne les prêts d'Aide publique au Développement, les taux et conditions seront au moins aussi favorables que les taux concessionnels s'appliquant à ces prêts.

E/ S'agissant des consolidations mentionnées au paragraphe 1.d) ci-dessus

a) 100% des montants en principal et en intérêts (y compris les intérêts de retard) payables au 30 septembre 1997 inclus et non réglés sur les consolidations mentionnées au paragraphe 1.d) seront différés et 100% des montants en principal et en intérêts (à l'exclusion des intérêts de retard) dus du 1er octobre 1997 au 30 juin 1998 inclus sur les consolidations mentionnées au paragraphe 1.d) ci-dessus seront différés.

Le remboursement par le Gouvernement de la République du Cameroun des sommes correspondantes sera effectué comme suit :

. 70% le 30 juin 1999 ; 30% le 30 juin 2000.

b) Les taux et les conditions d'intérêt à verser au titre des facilités financières couvertes par le présent paragraphe de ce Procès-Verbal agréé seront fixés bilatéralement entre le Gouvernement de la République du Cameroun et le Gouvernement ou les organismes appropriés de chacun des pays créanciers participants sur la base du taux approprié du marché.

S'agissant des prêts d'Aide publique au Développement, les taux et conditions d'intérêt seront au moins aussi favorables que les taux concessionnels s'appliquant à ces prêts.

F/ S'agissant des montants mentionnés au paragraphe 1.a) ci-dessus

a) 100% des montants en intérêts (y compris les intérêts de retard) payables au 30 septembre 1997 inclus et non réglés et 100% des montants en intérêts (à l'exclusion des intérêts de retard) dus du 1er octobre 1997 au 31 août 2000 inclus sur les montants mentionnés au paragraphe 1.a) ci-dessus seront reprofilés :

Le remboursement par le Gouvernement de la République du Cameroun des sommes correspondantes sera effectué en 8 versements semestriels égaux et successifs, le premier intervenant le 15 septembre 2000 (fin de la période de grâce) et le dernier le 15 mars 2004 (fin de la période de remboursement).

b) Les taux et les conditions d'intérêt à verser au titre des facilités financières couvertes par le présent paragraphe de ce Procès-Verbal agréé seront fixés bilatéralement entre le Gouvernement de la République du Cameroun et le Gouvernement ou les organismes appropriés de chacun des pays créanciers participants sur la base du taux approprié du marché.

S'agissant des prêts d'Aide publique au Développement, les taux et conditions d'intérêt seront au moins aussi favorables que les taux concessionnels s'appliquant à ces prêts.

3. Conversion de dettes

Sur une base volontaire et bilatérale, le Gouvernement ou les organismes appropriés de chaque pays créancier participant peut vendre ou échanger, dans le cadre de conversions de dettes en projets pour la protection de l'environnement, en projets d'aide, ou en investissements ou d'autres conversions de dettes en monnaie locale :

(i) les montants d'encours au titre des prêts mentionnés au paragraphe 1. ci-dessus s'agissant des prêts d'Aide publique au Développement ;

(ii) les montants d'encours au titre des autres crédits, prêts et consolidations mentionnés au paragraphe 1. ci-dessus, jusqu'à 20% des montants d'encours de créances au 31 décembre 1991 ou jusqu'à un montant de 20 millions de DTS, si ce montant est plus élevé.

III. RECOMMANDATIONS GENERALES

1. Afin d'assurer un traitement comparable de sa dette due à tous ses créanciers extérieurs publics ou privés, le

Gouvernement de la République du Cameroun s'engage à négocier dans les meilleurs délais avec tous ses créanciers extérieurs des accords de réaménagement de dette prévoyant une réduction de dette équivalente en valeur nette actualisée.

Le Gouvernement de la République du Cameroun s'engage à n'accorder à aucune des catégories de créanciers extérieurs – et en particulier les pays créanciers ne participant pas au présent Procès-Verbal, les banques commerciales et les fournisseurs – un traitement plus favorable que celui accordé aux pays créanciers participants pour les crédits d'échéance et de nature juridique comparables.

2. Le Gouvernement de la République du Cameroun informera par écrit le Président du Club de Paris, au plus tard le 30 juin 1998, de l'état de ses négociations et du contenu de ses accords bilatéraux avec les autres créanciers. En outre, le Gouvernement de la République du Cameroun informera régulièrement par écrit, et dans tous les cas avant la réunion visée à l'article IV paragraphe 6. et 7., le Président du Club de Paris du statut de ses négociations avec les autres créanciers et des paiements effectifs en leur faveur.

3. Les dispositions du présent Procès-Verbal agréé ne s'appliquent pas aux pays créanciers pour lesquels le total du montant des échéances en principal et en intérêts, dus pendant la période de réaménagement, au titre des dettes spécifiées à l'article II, paragraphe 2., est inférieur à 500.000 DTS. Les paiements dus à ces pays continueront à être réglés selon le calendrier originel. Les échéances dues et non réglées devront être payées le plus tôt possible et, en tout cas, au plus tard le 31 mars 1998. Des intérêts seront perçus sur ces montants.

4. Les pays créanciers participants sont convenus que chaque pays communiquera, à la demande de tout autre pays créancier participant, une copie de son accord bilatéral avec le Gouvernement de la République du Cameroun en

application du présent Procès-Verbal agréé. Le Gouvernement de la République du Cameroun prend acte de cette disposition.

5. Chaque pays créancier participant accepte d'informer le Président du Club de Paris de la date de la signature de son accord bilatéral, des taux d'intérêt pratiqués, des montants des dettes concernées et de la mise en œuvre de toute conversion de dettes en application du paragraphe II-3. ci-dessus. Le Gouvernement de la République du Cameroun prend acte de cette disposition.

6. Le Gouvernement de la République du Cameroun s'engage à payer les échéances dues et non réglées à la date du présent Procès-Verbal agréé, au titre de consolidations, de prêts, de crédits ou de contrats ou toutes autres formes d'arrangements financiers payables au comptant, accordés ou garantis par les Gouvernements ou les organismes appropriés des pays créanciers participants ou observateurs, et n'entrant pas dans le champ d'application du présent Procès-Verbal agréé le plus tôt possible et, en tout cas, au plus tard le 31 mars 1998.

Des intérêts de retard seront perçus sur ces montants.

IV. MISE EN ŒUVRE

Les modalités du rééchelonnement ou du refinancement seront fixées dans des accords bilatéraux à conclure par le Gouvernement ou les organismes appropriés de chacun des pays créanciers participants avec le Gouvernement de la République du Cameroun sur la base des principes suivants :

1. Le Gouvernement ou les institutions appropriées de chaque pays créancier participant :

- Soit refinancera les dettes, par mise à la disposition du Gouvernement de la République du Cameroun de nouveaux financements, conformément aux échéanciers de paiement existants, durant la période de consolidation et pour les pourcentages indiqués ci-dessus. Ces financements seront remboursés par le Gouvernement de la République du Cameroun conformément aux termes et conditions fixés à l'article II, paragraphe 2. ci-dessus ;

- soit rééchelonnera les échéances correspondantes.

2. Tous les autres points concernant le rééchelonnement ou le refinancement seront fixés dans les accords bilatéraux que le Gouvernement de la République du Cameroun et les Gouvernements ou organismes appropriés des pays créanciers participants s'efforceront de conclure dans les meilleurs délais et en tout cas, avant le 30 juin 1998 ;

3. Chaque pays créancier participant se réserve le droit de changer l'option choisie parmi les options décrites à l'article II, paragraphe 2.A/ et 2.B/ ci-dessus, au plus tard à la date de signature de l'accord bilatéral correspondant.

4. a) Les dispositions du présent Procès-Verbal agréé s'appliqueront pour la période allant jusqu'au 31 août 1998 à la condition que le Gouvernement de la République du Cameroun continue d'avoir un accord approprié avec le Fonds monétaire international ;

b) elles continueront également à s'appliquer pour la période du 1er septembre 1998 au 31 août 1999 à la condition que le Conseil d'Administration du Fonds monétaire international ait approuvé avant le 31 octobre 1998, un deuxième accord annuel au titre de la Facilité d'Ajustement structurel renforcée avec le Gouvernement de la République du Cameroun, et que la République du Cameroun ait effectué à bonne date tous les paiements aux pays créanciers participants prévus par le présent Procès-Verbal agréé ;

c) elles continueront également à s'appliquer pour la période du 1er septembre 1999 au 31 août 2000 à condition que le Conseil d'Administration du Fonds monétaire international ait approuvé avant le 31 octobre 1999, un troisième accord annuel au titre de la Facilité d'Ajustement structurel renforcée avec le Gouvernement de la République du Cameroun, et que la République du Cameroun ait effectué à bonne date tous les paiements aux pays créanciers participants prévus par le présent Procès-Verbal agréé ;

d) à cette fin, le Gouvernement de la République du Cameroun est d'accord pour que le Fonds monétaire international informe le Président du Club de Paris de l'état des relations entre le Gouvernement de la République du Cameroun et le Fonds monétaire international.

5. Pour faciliter la mise en œuvre du présent Procès-Verbal agréé, le Gouvernement de la République du Cameroun déposera sur le compte spécial ouvert à la Banque de France, au moins l'équivalent de 13 milliards de Francs CFA à la fin de chaque mois, à compter de décembre 1997 jusqu'en août 2000 inclus dont pour la période du 1er décembre 1997 au 31 mars 1998 l'équivalent de de 12,5 milliards de Francs CFA à la fin de chaque mois au titre des montants dus en application de l'article III paragraphe 8.b) du Procès-Verbal agréé du 16 novembre 1995. Le Gouvernement de la République du Cameroun s'engage à faire notifier par la Banque mentionnée ci-dessus, au Président du Club de Paris, les versements mentionnés ci-dessus, dès qu'ils seront effectués. Le montant total représente une évaluation des montants dus du 1er octobre 1997 au 31 août 2000 inclus, à tous les pays créanciers participants, au titre des accords bilatéraux à conclure pour l'application du présent Procès-Verbal agréé. À mesure que des paiements deviendront dus en application de ces accords, le Gouvernement de la République du Cameroun devra tirer sur le compte spécial pour tout paiement ; aucun tirage ne pourra être fait sur le compte spécial pour tout autre objet avant que tous les paiements dus du 1er octobre 1997 au 31 août 2000 inclus, en application de ces accords, aient été

effectués. Tous les tirages sur ce compte seront effectués après avis préalable de 15 jours notifié à la Banque mentionnée ci-dessus, laquelle en informera immédiatement le Président du Club de Paris. Ce dispositif pourrait être reconduit par accord entre les parties.

6. En réponse à la demande des représentants du Gouvernement de la République du Cameroun, les pays créanciers participants se sont déclarés d'accord en principe sur une réunion pour examiner le problème des échéances de la dette venant à maturité après le 31 août 2000 et se rapportant à des prêts ou crédits ayant fait l'objet d'un contrat ou de tout autre arrangement financier conclu avant le 31 décembre 1988, sous réserve :

- que la République du Cameroun continue d'avoir un accord approprié avec le Fonds monétaire international ;

- que la République du Cameroun ait conclu avec les autres créanciers des accords effectifs répondant aux conditions prévues à l'article III, paragraphe 1. ci-dessus, et ait fait rapport par écrit au Président du Club de Paris, conformément aux dispositions de l'article III, paragraphe2. ci-dessus ;

- et que la République du Cameroun ait satisfait à toutes les conditions prévues au présent Procès-Verbal agréé.

7. Si au 31 août 2000, le Gouvernement de la République du Cameroun a maintenu des relations satisfaisantes avec les pays créanciers participants ou observateurs, et notamment a mis pleinement en œuvre tous les accords signés avec eux, et continue d'avoir un accord approprié avec le Fonds monétaire international, les pays créanciers participants se déclarent d'accord en principe pour envisager une réunion destinée à l'examen de la question du stock de la dette de la République du Cameroun.

8. Les dispositions de l'article I du présent Procès-Verbal agréé entreront en vigueur le 31 mars 1998 à la condition que le Gouvernement de la République du Cameroun ait effectué tous les paiements exigibles à cette date incluse au titre du présent Procès-Verbal agréé et en particulier ceux au titre de l'article III paragraphe 6.

9. Les représentants des Gouvernements des pays créanciers participants et les représentants du Gouvernement de la République du Cameroun sont convenus de recommander à leurs gouvernements ou organismes appropriés d'ouvrir dans les meilleurs délais les négociations bilatérales et de les conduire sur la base des principes énoncés ci-dessus.

Fait à Paris, ce jour, le 24 octobre 1997

En deux versions, en langues Française et Anglaise, les deux textes faisant également foi,

Le Président du Club de Paris	Le Chef de la délégation de la République du Cameroun
Délégation de l'Allemagne	Délégation de l'Espagne
Délégation de l'Autriche	Délégation des États-Unis d'Amérique
Délégation de la Belgique	Délégation de la Finlande
Délégation du Canada	Délégation de la France
Délégation du Danemark	Délégation de l'Italie
Délégation du Japon	Délégation du Royaume-Uni
Délégation des Pays-Bas	Délégation de la Suède
	Délégation de la Suisse

Le 24 octobre 1997

CLUB DE PARIS

COMMUNIQUE DE PRESSE

LE CLUB DE PARIS DÉCIDE D'UNE RESTRUCTURATION DE LA DETTE DU CAMEROUN

1. Le Club de Paris s'est réuni les 23 et 24 octobre 1997 avec les représentants de la République du Cameroun. Les représentants des pays créanciers sont convenus de recommander à leurs gouvernements le réaménagement des échéances dues pendant la période couverte par l'accord du Cameroun avec le Fonds monétaire international.

2. Les représentants des pays créanciers ont pris note du fait que le faible niveau de revenu par habitant de la République du Cameroun et la charge très importante de sa dette justifient des efforts d'ajustement importants ainsi qu'**un traitement très favorable de la dette.**

Les représentants des pays créanciers se sont félicités de l'élaboration et de la mise en œuvre par le Gouvernement de la République du Cameroun d'un programme économique et financier sur la base du premier accord annuel au titre de la Facilité d'Ajustement structurel renforcée du Fonds monétaire international.

3. En réponse à la requête de la République du Cameroun, les pays créanciers se sont engagés à recommander un traitement permettant notamment d'annuler la dette à hauteur de 50%.

Cet accord met en œuvre les Termes de Naples décidés en décembre 1994 pour le traitement de la dette des pays les plus pauvres et les plus endettés.

Prenant en compte la grande valeur des contributions déjà apportées par les pays créanciers participants, dans le but d'alléger la charge du service de la dette d'Aide publique au Développement (APD), les échéances dues au titre de l'APD sont consolidées sur une très longue période.

4. D'une manière générale, chaque pays créancier pourra également mettre en œuvre des opérations limitées de conversion de dettes en projets de protection de l'environnement, en projets d'aide, en investissements ou d'autres conversions de dettes en monnaie locale, à hauteur de 20% des dettes concernées.

5. Les pays créanciers participants se sont également déclarés d'accord, sous certaines conditions et après une période de trois ans, sur une réunion destinée à l'examen de la question du stock de la dette de la République du Cameroun.

NOTE DE CONTEXTE

1. Le Club de Paris s'est réuni pour la première fois en 1956. Il s'agit d'un groupe informel de gouvernements créanciers principalement des pays industrialisés (OCDE). Il se réunit mensuellement à Paris avec des pays débiteurs afin de convenir avec eux d'une restructuration de leur dette.

2. Les membres du Club de Paris qui ont participé au réaménagement de la dette de la République du Cameroun étaient les représentants des gouvernements de l'Allemagne, de l'Autriche, de la Belgique, du Canada, du Danemark, de l'Espagne, des États-Unis d'Amérique, de la Finlande, de la France, de l'Italie, du Japon, des Pays-Bas, du Royaume-Uni, de la Suède et de la Suisse.

3. Les observateurs à cette réunion étaient les représentants du Gouvernement de la Fédération de Russie ainsi que du Fonds monétaire international, de la Banque internationale pour la Reconstruction et le Développement, du Secrétariat de la CNUCED, de l'Organisation de Coopération et de Développement économiques et de la Commission européenne.

4. Après examen de la requête présentée par la délégation de la République du Cameroun conduite par le Ministre d'État chargé de l'économie et des finances, les membres du Club de Paris ont apporté leur soutien à l'amélioration de la situation économique et financière de la République du Cameroun.

5. La réunion était présidée par le Sous-Directeur à la Direction du Trésor du Ministère de l'Économie, des Finances et de l'Industrie de la République française, Vice-Président du Club de Paris.

6. L'accord conclu par la République du Cameroun et le Fonds monétaire international a été approuvé par le Conseil d'Administration de cette institution le 20 août 1997 ; l'accord au titre de la Facilité d'Ajustement Structurel Renforcée (FASR) s'applique jusqu'en août 2000.

DISPOSITIONS PRATIQUES

Pour la mise en œuvre de l'accord du Club de Paris, les dispositions suivantes ont été prises :

1. Élaboration pour le Cameroun du Tableau des opérations financières de l'État (TOFE) en milliards de francs CFA ; date butoir : 31 décembre 1988, au titre des années 1997/1998, 1998/1999 et 1999/2000.

2. Élaboration pour le Cameroun du service de la dette du Club de Paris, en milliards de francs CFA ; date butoir : 31 décembre 1988 ; arriérés et échéances courantes sur la période 1997-2000, ventilés par année, type de crédit et de créancier.

3. Élaboration pour le Cameroun du service de la dette, en milliards de francs CFA, date butoir : 31 décembre 1988 ; arriérés et échéances courantes sur la période 1997-2000, ventilés par année, type de crédit et de créancier.

4. Présentation par pays créancier de la dette extérieure du Cameroun, TABLEAU A : échéances contractuelles relatives aux prêts gouvernementaux et aux crédits commerciaux garantis d'une durée supérieure à un an non précédemment consolidées conclus avant la date butoir ; Données des pays créanciers, Secteur public ; date butoir : 31 décembre 1988 ; montants en millions de $us, cours du 1er septembre 1997.

5. Présentation par créancier de la dette extérieure du Cameroun, TABLEAU B : échéances contractuelles relatives aux prêts gouvernementaux et aux crédits commerciaux garantis d'une durée supérieure à un an conclus après la date

butoir ; Données des pays créanciers, Secteur public ; date butoir : 31 décembre 1988 ; montants en millions de $us, cours du 1er septembre 1997.

6. Présentation par pays créancier de la dette extérieure du Cameroun, TABLEAU C : crédits précédemment consolidés (Encours dont Arriérés du 1er septembre 1997, Échéances dues en 1997) ; Données des pays créanciers ; montants en millions de $us, cours du 1er septembre 1997 ; date butoir : 31 décembre 1988.

7. Présentation par pays créancier de la dette extérieure du Cameroun, TABLEAU D : échéances contractuelles relatives aux crédits commerciaux garantis à court terme d'une durée inférieure ou égale à un an ; Données des pays créanciers, Secteur public ; date butoir : 31 décembre 1988 ; montants en $us, cours du 1er septembre 1997.

Le Secrétariat du Club de Paris assure la réconciliation des données entre les créanciers et les services compétents de la République du Cameroun. Il en résulte des statistiques fiables, ce qui facilite les négociations bilatérales dans le cadre de la mise en œuvre de l'accord du Club de Paris.

8. Négociations bilatérales

Sur la base des données mises à jour par la République du Cameroun et les différents créanciers, les négociations bilatérales se tiennent entre le Cameroun et chaque pays créancier. Ces négociations prennent en compte les conclusions de l'accord du Club de Paris décrit ci-dessus. Il est signé entre le Cameroun et chaque pays créancier, un accord bilatéral de réaménagement de la dette extérieure du Cameroun due à ce pays créancier. Chaque partie signataire en informe le Président du Club de Paris.

9. Quelques leçons empiriques

Il ressort du processus de réaménagement de la dette au Club de Paris et des expériences de traitement de la dette un certain nombre de leçons :

9.1. **Le rééchelonnement reste un moyen permettant d'alléger pour un temps le poids de la dette d'un pays ; il n'est pas la solution idéale, destinée à mettre définitivement fin au problème de la dette en général, et en particulier de la dette des pays en développement** : lorsque le 24 mai 1989, le Cameroun se présente pour la première fois devant le Club de Paris, il ne s'imagine pas qu'il y retournerait une fois encore ; le 23 octobre 1997, le Cameroun se retrouve devant le Club de Paris pour la cinquième fois, et la délégation du Cameroun passera deux jours à Bercy, dont une longue nuit de négociations âpres ! Le plus important avantage du rééchelonnement au Club de Paris aura été surtout d'avoir facilité par la suite, l'éligibilité du Cameroun à l'initiative Pays pauvres Très Endettés (PPTE), d'où l'atteinte du point de décision (réduction du service de la dette) en 2000 et l'atteinte du point d'achèvement (réduction du stock de la dette) en 2006. La longue période de six ans qui s'est écoulée entre les deux dates démontre à suffisance les difficultés auxquelles le pays s'est trouvé confronté, depuis son premier passage au Club de Paris en mai 1989.

9.2. La dette des pays en développement requiert un traitement plus favorable, pouvant se traduire par une annulation substantielle : le procès-verbal agréé du Club de Paris présenté ci-dessus montre que les pays créanciers participants du Club de Paris y sont sensibles, d'où des annulations partielles amorcées dans le cadre du réaménagement de la dette au Club de Paris ou au travers des opérations de conversions de dettes ; l'analyse développée dans les chapitres 5 et 6 de ce livre montre qu'en termes d'impact, certains pays ont plutôt vu leurs économies « ponctionnées » par l'endettement extérieur ; ce dommage ne pourrait être réparé qu'au travers d'une annulation pure et simple des montants réclamés par les créanciers. Les conséquences néfastes d'une telle exigence ont également été évoquées, le développement étant un processus continu permanent, qu'il convient d'entretenir avec soin grâce aux négociations entre créanciers et débiteurs.

9.3. Approches idoines de réduction substantielle de la dette : plusieurs études, dont celle évoquée par Thomas Piketty dans son livre « Le capital au XXIe siècle », publié aux Éditions du Seuil en 2013 (voir Bibliographie), identifient trois approches permettant de réduire significativement la dette publique : l'impôt sur le capital, l'inflation, l'austérité.

(a) en procédant à **une augmentation judicieuse de l'impôt sur le capital**, l'État peut dégager des ressources pour faire face au service de la dette publique ;

(b) **la dette publique se trouve être un actif nominal et non réel**, puisque **son prix est fixé à l'avance indépendamment de l'inflation** ; pour un actif réel, le prix évolue en fonction de la situation économique, donc soumis à l'effet inflationniste ; il en est ainsi du prix des actifs immobiliers et boursiers. Raison pour laquelle un peu d'inflation supplémentaire est susceptible de réduire de manière substantielle la valeur réelle de la dette publique. Cette méthode est particulièrement efficace lorsqu'il s'agit pour le pays concerné de faire face au service de la dette publique intérieure ; au niveau de la dette publique extérieure, il faut en général payer en devise d'emprunt, qui n'est pas nécessairement la monnaie du pays débiteur, à moins de négocier et réaliser une opération de conversion de dette. Le pays doit donc recourir au marché des changes afin d'acquérir le montant requis. La méthode ne va pas sans difficulté, car l'inflation se trouve être un substitut très imparfait de l'impôt progressif abondamment développé dans « Le capital au XXIe siècle » : la première difficulté causée par l'inflation est le risque d'endettement, puisque la spirale d'inflation une fois lancée peut donner lieu à une mécanique difficile à arrêter par la suite ; la deuxième difficulté due à l'inflation réside dans le fait qu'elle voit ses effets souhaités atténués une fois qu'elle s'installe dans la durée et devient anticipée : une des conséquences possibles sera le niveau élevé du taux d'intérêt exigé par les créanciers de l'État. Le principal argument en faveur de l'inflation, c'est qu'elle a le mérite de ponctionner essentiellement ceux-là qui « ne savent pas quoi faire de leur argent » : il en est ainsi des comptes bancaires, des comptes d'épargne et livrets peu dynamiques, ou des sommes d'argent gardées sous le matelas. Par contre, tous ceux qui ont soit tout dépensé, soit tout investi dans des actifs économiques réels immobiliers ou professionnels, soit restent endettés subissent l'effet de l'inflation. Cette dualité fait de l'inflation une sorte de « taxe sur le capital oisif et un encouragement au capital dynamique » ;

(c) **l'austérité s'impose lorsqu'il devient impératif de réduire le train de vie des acteurs économiques**, notamment de l'État. C'est le sens des programmes d'ajustement structurel mis en place dans le cadre des appuis budgétaires des institutions de Bretton Woods (Fonds monétaire international, Banque mondiale) : il est à relever que le Club de Paris tout comme le Club de Londres en font une conditionnalité, afin de s'assurer que l'économie est en mesure de tirer efficacement avantage des différents concours qui lui sont apportés, et de se remettre sur le sentier de la croissance et du développement.

En réalité, **la croissance économique**, à un niveau aussi élevé que possible – de préférence à deux chiffres pour un pays en développement- **constitue la solution idéale au problème de la dette.**

Principaux sigles et acronymes

ACBF : Africa capacity building foundation

AFD : agence française de développement

AID : association internationale de développement

APD : aide publique au développement

BAD : banque africaine de développement

BCEAO : banque centrale des États de l'Afrique de l'Ouest

BEAC : banque des États de l'Afrique centrale

BIRD : banque internationale pour la reconstruction et le développement

BOT : build-operate-transfer

CAA : caisse autonome d'amortissement

CADTM : comité pour l'annulation de la dette du tiers-monde

CAF : coût, assurance, frais

CAS : country assistance strategy

CEA : commission économique des Nations unies pour l'Afrique

CEE/ACP : commission économique européenne/Afrique-Caraïbes-Pacifique

CEMAC : communauté économique et monétaire de l'Afrique centrale

CNFD : comité national de financement du développement

CNUCED : conférence des Nations unies pour le commerce et le développement

COFACE : compagnie française d'assurance de crédit à l'exportation

CS-DRMS : commonwealth secretariat debt recording and management system

Debt commodity swap : conversion de créances en exportations

Debt equity swap : conversion de dette en investissement

Dollar US : dollar des États-Unis d'Amérique

DRI : debt relief initiative

DSA : dimension sociale de l'ajustement

DUCROIRE : Compagnie d'assurance de crédit en Belgique

Ed : élément- don

EXIMBANK : export-import Bank, États-Unis d'Amérique

FAB : franco à bord

FAD : fonds africain de développement

FASR : facilité d'ajustement structurel renforcée

FED : fonds européen de développement

FMI : fonds monétaire international

FOB : free on board

GAR : gestion axée sur le résultat

GNI : gross national income (revenu national brut)

G7 : groupe des sept pays les plus industrialisés

HERMES : compagnie d'assurance de crédit en République fédérale d'Allemagne

IADM : initiative d'allégement de la dette multilatérale

IDA : international development association

IEG : independent evaluation group

INS : institut national de la statistique

IDH : indice de développement humain

IPH : indicateur de pauvreté humaine

Log10 : logarithme base 10

Naples : ville italienne

NEPAD : new economic partnership for Africa's Development (nouveau partenariat économique pour le développement de l'Afrique)

OCDE : organisation de coopération et de développement économiques

ODM : objectif de développement du millénaire

ODD : objectif de développement durable

ONG : organisation non gouvernementale

OSC : organisation de la société civile

PIB : produit intérieur brut

PMA : pays moins avancé

PME : petite et moyenne entreprise

PMI : petite et moyenne industrie

PNB : produit national brut

PNUD : programme des Nations unies pour le développement

Pôle-dette : pôle régional de formation en gestion de la dette en Afrique du Centre et de l'Ouest

PPA : parité du pouvoir d'achat

PPP : partenariat public-privé

PPTE : pays pauvre très endetté

PTEF : partenaire technique, économique et financier

QAG : quality assurance group

RFA : République fédérale d'Allemagne

RNB : revenu national brut

SIDA : syndrome d'immunodéficience acquise

SIG : système d'information géographique

Steering committee : comité directeur

SYGADE : Système de gestion et d'analyse de la dette ; SYGADE est l'acronyme et le nom d'un programme et d'un logiciel développés par la CNUCED (Conférence des Nations unies pour le commerce et le développement, organe subsidiaire des Nations unies) pour renforcer les capacités de gestion de la dette des pays en développement

TA : taux d'alphabétisation

TBS : taux brut de scolarisation

TICR : taux d'intérêt commercial de référence

UEMOA : union économique et monétaire ouest-africaine

UNICEF : United Nations international children's emergency fund

VAN : valeur actualisée nette

VIH : virus d'immunodéficience humaine

Bibliographie

*[1] African Development Group, (November **2007**), African Statistical Journal, Volume 5.*

*[2] Allais Maurice, (**1999**), Prix Nobel de Sciences Economiques, La crise mondiale d'aujourd'hui, CLEMENT JUGLAR.*

*[3] Armartya Sen, (**1999**), Prix Nobel d'économie 1998, L'Economie est une science morale, Editions La Découverte&Syros, Paris.*

*[4] Boris Jean-Pierre, (**2005**), Commerce inéquitable, Le roman noir des matières premières, Hachette Littératures.*

*[5] Bradlow D. Daniel, (**1986**), Foreign debt management : selected readings, Edited by Matthew L. Hensley, International Law Institute (ILI).*

*[6] Brovelli Jean-Pierre et Simon Claude, (**2015**), Stop au mirage de la croissance, Les Éditions de l'Atelier/Les Éditions Ouvrières, Ivry-sur-Seine, 2015.*

*[7] Camdessus Michel, (**2014**), La scène de ce drame est le monde, Treize ans à la tête du FMI, Les Arènes, Paris.*

*[8] Chell Elizabeth, (**2001**), Entrepreneurship, Globalization and Development, Thomson Learning.*

*[9] De Larosière Jacques, (**1982**), L'ajustement économique dans les pays en développement et les pays industrialisés, Une complémentarité nécessaire, Fonds monétaire international, Washington, D.C.*

*[10] Denizet Jean, (**1982**), Monnaie et financement dans les années 80, Sciences Economiques, Dunod, Bordas, Paris.*

*[11] De Rivero Oswaldo, (avril **2003**), Mythe du développement, Enjeux/Planète.*

*[12] Dufrénot Gilles, (**1999**), Croissance, fluctuations et chaos, Economica.*

*[13] Foucher Gérard, (**2013**), Les Secrets de la monnaie, Changer la monnaie pour changer le monde, éditions Yves Michel, France.*

*[14] Giraud Françoise, Olivier Saulpic, Carole Bonheur, François Fourcade, (**2008**), Contrôle de gestion et pilotage de la performance, 3ème édition, Gualino éditeur, EJA- Paris.*

*[15] Giraud Gaël et Renouard Cécile, (**2009**), Préface de Pascal Lamy, 20 Propositions pour réformer le capitalisme Flammarion, Paris.*

*[16] Grjebine André, (janvier **2015**), La dette publique et Comment s'en débarrasser, Presse Universitaire de France, Paris.*

*[17] Harribey Jean-Marie et PlihonDominique, (**2009**), Attac, Sortir de la crise globale, La Découverte, Paris.*

*[18] Harvard Business Review, (**1999**), Les systèmes de mesure de la performance, Préface de Jean-Pierre Rodier, Editions d'Organisation, troisième tirage 2001.*

*[19] International Monetary Fund and The World Bank, (**1987**), Growth-oriented adjustment programs.*

*[20] International monetary fund, (**1996**), Les dépenses publiques improductives, Analyse pragmatique de l'action des pouvoirs publics, Département des finances publiques, Washington.*

*[21] International monetary Fund, (June **2001**), International capital flows Finance &Development.*

[22] La Banque mondiale, Fonds monétaire international (FMI), Banque des Règlements internationaux, Organisation

de Coopération et de Développement économiques (OCDE), ***(1988)****, L'endettement international Définition, couverture statistique et méthodologie, Paris, 1988, La Banque mondiale, Washington, la Banque des Règlements Internationaux, Bâle, le Fonds Monétaire International, Washington, et l'Organisation de Coopération et de Développement Economiques, Paris.*

[23] Laborde Philippe / Maris Bernard, ***(1998)****, Ah Dieu ! que la guerre économique est jolie !, Éditions Albin Michel, S.A.*

[24] Lacoste Olivier, Préface de Christian de Boissieu, ***(2009)****, Comprendre les crises financières, Groupe Eyrolles.*

[25] Lorenzi Jean-Hervé, ***(2008 et 2009****, Le cercle des économistes, La guerre des capitalismes aura lieu, Perrin, tempus.*

[26] Ministère de l'économie, de la planification et de l'aménagement du territoire, ***(2008)****, Rapports des progrès des objectifs du millénaire pour le développement, réalisés par l'institut national de la statistique du Cameroun, avec l'appui du Programme des Nations unies pour le Développement (PNUD).*

[27]. Passet Rné, Liberman Jean, ***(2002)****, Mondialisation financière et terrorisme, Enjeux/Planète.*

[28] Piketty Thomas, (septembre ***2013)****, Le capital au XXIe siècle, Éditions du Seuil.*

[29] Reed David (sous la direction de), ***(1999)****, Ajustement structurel, environnement et développement durable, Éditions L'Harmattan, Paris-France, Montréal (Qc)- Canada.*

[30] Scialom Laurence, ***(2007)****, Economie bancaire, Troisième Edition, La Découverte, Paris.*

*[31] Semedo Semedo/Vililieu Patrick, (**1997**), La zone franc, mécanismes et perspectives macroéconomiques, ellipses.*

*[32] SOGGE David, (**2003**) Les mirages de l'aide internationale, Enjeux/Planète.*

*[33] SQUIRE LYN, VAN DER TAK G. HERMAN, (**1975**), Economic Analysis of Projects, International Bank for Reconstruction and Development/THE WORLD BANK, Washington D.C., USA.*

*[34] Stiglitz E. Joseph, (**2002**), prix Nobel d'économie, La grande désillusion (Globalization and its discontents, W.W. Norton, New York, 2002), Librairie Arthème Fayard, pour la traduction française.*

*[35] Stiglitz E. Joseph, (**2003**), prix Nobel d'économie, Quand le capitalisme perd la tête (The roaring nineties, W.W. Norton, New York, 2003), Librairie Arthème Fayard, pour la traduction française.*

*[36] World Bank, David Newbery and Nicholas Stern, (**1987**), The Theory of Taxation for Developing Countries, Oxford University Press.*

*[37] World Bank, Rapport sur le développement dans le monde (**1990**), LA PAUVRETE, indicateurs du développement dans le monde, publié dans sa version originelle en anglais sous le titre World Development Report 1990 par Oxford University Press pour la Banque mondiale, 1818 H Street, N.W. Washington, D.C. 20433.*

Table des matières

Remerciements **5**

Préface **9**

Introduction **13**

Première partie Le développement et ses enjeux **17**

Chapitre 1 Le développement économique et social 19

1.1. Le développement est un processus 20
1.2. Le développement est multidimensionnel 21
1.2.1. Objectif 1 : éliminer l'extrême pauvreté et la faim 23
1.2.2. Objectif 2 : assurer une éducation primaire pour tous 23
1.2.3. Objectif 3 : promouvoir l'égalité des sexes et l'autonomisation des femmes 24
1.2.4. Objectif 4 : réduire la mortalité des enfants de moins de 5 ans 24
1.2.5. Objectif 5 : améliorer la santé maternelle 24
1.2.6. Objectif 6 : combattre le VIH/SIDA, le paludisme, la tuberculose et d'autres maladies 25
1.2.7. Objectif 7 : assurer un environnement durable 25
1.2.8. Objectif 8 : mettre en place un partenariat mondial pour le développement 26

Chapitre 2 La balance des paiements et l'internationalisation du développement 33

2.1. Définition et description globale 33
2.2. Exploitation et interprétation de la balance des paiements 35
2.2.1. La balance des transactions courantes 36
2.2.2. Des indicateurs aux fins d'interprétation de la balance commerciale 37

Deuxième partie La croissance économique et son impact sur le développement 39

Chapitre 3 La définition de la croissance et de ses indicateurs de mesure........................41

3.1. La définition et la mesure de la croissance économique 41

3.2. L'explication de la croissance au travers de quelques modèles..45

Chapitre 4 L'impact de la croissance économique sur le développement..53

4.1. La lutte contre la pauvreté...53

4.2. La relation entre croissance économique et inégalités sociales...54

Troisième partie Le financement international du développement et ses mécanismes de mise en œuvre.......63

Chapitre 5 L'endettement international et les sources de la dette des pays en développement............65

5.1. Les sources de financement : créanciers multilatéraux, créanciers publics bilatéraux, créanciers privés...........66

5.1.1. La dette multilatérale...66

5.1.2. La dette bilatérale..67

5.1.3. La dette privée ou commerciale 68

5.1.4. L'étude et le choix des offres de financement......69

5.2. Les procédures et mécanismes de mise à disposition des fonds par les créanciers 72

5.2.1. Les conditions préalables du côté du pays débiteur 73

5.2.2. Les conditions préalables du côté du créancier :..73

Chapitre 6 L'impact de la dette extérieure sur les économies en développement 75

6.1. Les facteurs explicatifs des évolutions de la dette des pays du Sud 75

6.2. Les leçons des évolutions erratiques de l'endettement international..80

Quatrième partie Les stratégies de gestion de la dette....87

Chapitre 7 Les structures et les mécanismes de gestion de la dette....89

7.1. Définir et mettre en œuvre une politique d'endettement dynamique....89

7.2. Mettre en place une institution de gestion de la dette adéquate....90

Chapitre 8 La recherche de solutions aux problèmes de la dette....93

8.1. Les causes de la crise d'endettement....94

8.1.1. Les manifestations de la crise....94

8.1.2. Les causes internes....94

8.1.3. Les causes externes....95

8.2. L'analyse critique des solutions de la crise d'endettement....95

8.2.1. Les réformes économiques....96

8.2.2. Les solutions internationales au problème de la dette et leurs insuffisances....100

8.2.2.1. Le rééchelonnement....101

a) Le Club de Paris....101

b) Le Club de Londres....102

8.2.2.2. Les autres solutions au problème de la dette....103

8.2.2.3. Le traitement de la dette multilatérale....106

8.2.2.4. L'allégement de la dette commerciale....109

Cinquième partie Les politiques d'endettement possibles, les organes de gestion, la formation et le renforcement des capacités....113

Chapitre 9 Les politiques de gestion, les organes de supervision et de coordination de la gestion de la dette....115

9.1. Les politiques de gestion de la dette....116

9.1.1. Les politiques idoines face aux problèmes issus des crédits extérieurs....116

9.1.2. Les politiques de gestion de la dette par rapport aux eurocrédits 117
9.2. Les organes de supervision et de coordination ; les mécanismes et les directives de régulation...........119
9.2.1. Les systèmes intégrés de contrôle de la dette.....120
9.2.2. Les problèmes rencontrés au niveau des mécanismes de régulation............................122

Chapitre 10 La formation et le renforcement des capacités 125

10.1. La politique de formation (programmes de formation au rythme annuel ; utilisation du produit de la formation ; personnel détaché .....)..................125
10.2. L'entité en charge de la formation et du renforcement des capacités 126
10.3. Un cas de « bonne pratique » : le Pôle-Dette 126

Sixième partie Les perspectives et la gouvernance........131

Chapitre 11 La planification stratégique........................133

11.1. La planification à moyen terme................................133
11.2. Le financement du plan 135
11.3. Deux modèles de conception et de mise en œuvre de financement à l'échelle internationale 138
11.3.1. L'initiative d'allégement de la dette des pays pauvres très endettés (Initiative PPTE)..............138
A. Le contenu de l'initiative....................................139
B. Critères d'éligibilité...141
C. La portée de l'initiative 142
D. Critiques de l'initiative......................................142
E. Application au cas du Cameroun.........................144
11.3.2. Les opérations de conversions de dettes, note technique 146
A. Le contenu et la portée des conversions de dettes 147
B. Expérience du Cameroun dans les conversions de dettes 148
C. Mise en œuvre d'une politique et des programmes de conversions des dettes camerounaises...........149

Chapitre 12 La gouvernance économique....................... 153
12.1. La gouvernance stratégique....................................... 153
12.2. La mise en œuvre d'un partenariat fondé sur l'éthique.. 155
12.3. Deux ingrédients contributifs à la connaissance de l'évolution de l'environnement international........ 157
12.3.1. Les origines de la crise financière internationale de 2007 : la crise des subprimes......................... 157
12.3.2. Les dix-sept (17) objectifs de développement durable (ODD) 161
Conclusion 165
Annexes.. 167
Principaux sigles et acronymes.. 197
Bibliographie.. 203

Gestions et Management

aux éditions L'Harmattan

Dernières parutions

POLITIQUE ET ÉCONOMIE
10 mesures phares pour un monde meilleur
Marquez-Velasco Adrien
Dans ce livre est proposé un système économique d'une nouvelle ampleur qui s'intitule le «coordonnisme». Il s'agit d'un régime réunissant les qualités du capitalisme et du communisme. Il présente comme mesures la coordination des politiques monétaires, budgétaires et financières afin de réguler les consommations intérieures et extérieures, l'épargne, l'investissement, l'inflation et le chômage vers un taux optimal de croissance économique.
(Coll. L'Esprit Économique, série Krisis, 20.00 euros, 194 p.)
ISBN : 978-2-343-07529-7, ISBN EBOOK : 978-2-336-39887-7

AUX FRONTIÈRES DU MANAGEMENT
Manifeste pour un temps d'exigence
Massé Francis
Le management est l'une des clefs pour faire advenir une société meilleure, forte d'organisations efficaces. À cet égard, la notion de frontière fait sens. Le management s'inscrit dans une réalité, sinon il n'est rien. Le management traverse aussi des découpages disciplinaires multiples qu'il doit relier : il est frontière. Il constitue enfin un levier pour transgresser des limites artificielles et élargir le champ des possibles, où règnent l'imagination créatrice et l'innovation.
(Coll. Local et Global, 14.00 euros, 122 p.)
ISBN : 978-2-343-07517-4, ISBN EBOOK : 978-2-336-39760-3

LA LUTTE DES NORMES AU TRAVAIL
Faulkner Marcel - Préface de Jean-Pierre Durand
Aborder l'analyse du travail et de l'organisation sous l'angle de la normalisation permet d'atteindre deux objectifs. Comprendre que l'organisation est traversée par une lutte des normes dont les formes sont multiples et qui vont de la collaboration à la confrontation. Constater que cette lutte ne se limite pas au seul domaine des opérations courantes des organisations, mais qu'elle concerne aussi les choix stratégiques et les grands enjeux du travail et de l'emploi.
(Coll. Logiques sociales, 29.50 euros, 286 p.)
ISBN : 978-2-343-07381-1, ISBN EBOOK : 978-2-336-39859-4

GOUVERNANCE ET INTELLIGENCE ÉCONOMIQUE EN PME
Sous la direction de Daniel Corfmat, Marc Chambault et Georges Nurdin
L'intelligence économique est devenue un mode de gestion et de gouvernance de l'entreprise. Cet ouvrage réfléchit sur la démarche que le chef d'entreprise peut entreprendre pour éclairer ses décisions, garder sa marge de manœuvre de compétitivité et toutes ses possibilités de développement afin de sécuriser sa pérennité. Vous trouverez des recommandations pratiques qui tentent d'aider le dirigeant à aborder ce qui est devenu un enjeu majeur de la protection de son capital.
(Coll. Gouvernance et entreprise, 11.00 euros, 70 p.)
ISBN : 978-2-343-06861-9, ISBN EBOOK : 978-2-336-39734-4

LA POSTE, QUELLE AVENTURE !
L'informatisation du tri postal et autres chantiers hauts en couleur
Lenoir Olivier - Préface de Laurent Chaffard
Ce récit de quarante ans de carrière «aux PTT» parle du plaisir de créer, mais aussi des pesanteurs hiérarchiques et des souffrances du harcèlement moral. Il parle d'un avenir où les valeurs de coopération, d'entraide, de solidarité pourraient remplacer la course au profit, la concurrence illusoirement «libre» et le chacun pour soi. Le management et l'innovation, l'évolution de l'informatique et du service public sont des thèmes qui s'entrecroisent dans ce témoignage optimiste.
(17.50 euros, 164 p.)
ISBN : 978-2-343-07666-9, ISBN EBOOK : 978-2-336-39881-5

INTELLIGENCE DE L'INFORMATION
Entre état d'esprit et stratégie d'organisation
Mallowan Monica
En plus de contribuer à l'avancement des connaissances en matière de modèles traitant de management de l'information stratégique et des pratiques informationnelles, reliées à leur application en organisation, cet ouvrage aborde les champs de la littératie, de la culture et de l'intelligence de l'information. Une proposition est faite au sujet de leur mise en relation dialogique et systémique, dans un effort de construction d'une double mutation transdisciplinaire, celle du nouveau statut d'informateur et du concept de transculture de l'information.
(Coll. Intelligence économique, 36.00 euros, 354 p.)
ISBN : 978-2-343-06623-3, ISBN EBOOK : 978-2-336-39756-6

FISCALITÉ ENVIRONNEMENTALE
Entre impératifs fiscaux et objectifs environnementaux, une approche conceptuelle de la fiscalité environnementale
Caruana Nicolas - Préface de Thierry Lambert
La fiscalité environnementale intéresse relativement peu les juristes et représente en pratique une part très faible des recettes fiscales des États. Souvent limitée aux écotaxes, cette notion que cette thèse se propose de définir présente de multiples dimensions, tant fiscales qu'économiques, tant politiques qu'écologiques. Caractérisée par son efficience environnementale, elle n'a en réalité ni le champ d'application ni la portée que lui prête le discours politique.
(Coll. Finances publiques, 43.00 euros, 514 p.)
ISBN : 978-2-343-07550-1, ISBN EBOOK : 978-2-336-39716-0

LA MAGIE DES JUSTES PROPORTIONS
Restructuration financière d'un LBO avec apport de new money
Journo Albert
Comment opérer la restructuration financière du capital d'une entreprise de taille moyenne sous LBO (Leveraged Buy out) en période de turbulence opérationnelle ? Plusieurs scenarii sont imaginés selon l'évolution de la perception du pronostic de rétablissement. Un cas réel vient étalonner les raisonnements variés déterminant les nombreux paramètres suivant de justes proportions et des désirs, emportant d'emblée l'adhésion de tous. Cet ouvrage donne un éclairage original sur un comment faire.
(Coll. Ad valorem, 25.00 euros, 238 p.)
ISBN : 978-2-343-07914-1, ISBN EBOOK : 978-2-336-39861-7

L'ÉCONOMIE A-T-ELLE UN SENS ?
Essai
Vadjoux Philippe
Le profit est-il légitime s'il ne tient pas compte des coûts sociaux et environnementaux ? L'économie n'est pas d'origine divine ou naturelle, elle dépend de nous, elle évolue. La recherche d'une nouvelle économie plus démocratique, plus créative, plus diversifiée au service des êtres humains et respectueuse de la planète n'est pas utopique. Elle existe au travers d'idées, de projets, d'expériences. Une mutation est possible.
(29.00 euros, 346 p.)
ISBN : 978-2-343-07479-5, ISBN EBOOK : 978-2-336-39587-6

L'ÉCOLOGIE AU SECOURS DE L'ÉCONOMIE
Inventer les outils d'une nouvelle prospérité
Coutouly Rodrigue
Comment expliquer notre difficulté à relancer l'économie ? Cet ouvrage explore une hypothèse originale : la reprise ne se fait pas car nous atteignons les limites de nos ressources naturelles. L'auteur travaille donc sur les différentes pistes possibles pour construire le développement durable d'une société et d'une économie qui retrouveraient leur cohérence. Les solutions devront s'appuyer sur des politiques publiques imaginatives, audacieuses autant que réalistes, particulièrement en matière de fiscalité et d'investissement.
(Coll. Sociologies et Environnement, 27.00 euros, 260 p.)
ISBN : 978-2-343-06652-3, ISBN EBOOK : 978-2-336-39638-5

L'ÉCONOMIE EN QUESTION
Regards et apports des spiritualités et des religions
Textes rassemblés par Jan-Luc Castel et Vincent Pilley
La vie économique est aujourd'hui bouleversée et altère même le lien social. Où puiser l'énergie de résister à ces dévastations ? Comment régénérer les liens humains dans la société ? Quelles ressources mobiliser pour «changer les règles du jeu» ? Juifs, bouddhistes, chrétiens, musulmans, athées, libres penseurs osent entrer en dialogue parce qu'ils croient en la possibilité d'un avenir commun.
(12.00 euros, 168 p.)
ISBN : 978-2-343-07824-3, ISBN EBOOK : 978-2-336-39689-7

LE CAPITALISME, CANCER DE L'HUMANITÉ
Une économie inhumaine et meurtrière, une société malade, la vie sur Terre en péril

Kornheiser Georges

En 2016, le patrimoine cumulé de 1 % de la population mondiale dépassera celui des 99 % restants, ce qui est sans précédent. Cette minorité possède tous les pouvoirs : économique, médiatique, politique, qu'ils soient étiquetés de droite ou de gauche, les partis de gouvernement sont tous convertis aux dogmes néolibéraux et pratiquent en fait la même politique une fois aux commandes. Le capitalisme est devenu fou. Un autre univers, plus juste et plus humain, est pourtant possible. Il n'est que temps de travailler à son avènement, avant que les dommages ne soient devenus irréversibles.

(Coll. Questions contemporaines, 39.00 euros, 436 p.)

ISBN : 978-2-343-07156-5, ISBN EBOOK : 978-2-336-39615-6

UNE ÉCONOMIE SOLIDAIRE PEUT-ELLE ÊTRE FÉMINISTE ?
Homo oeconomicus, mulier solidaria

Sous la direction de Christine Verschuur, Isabelle Guérin et Isabelle Hillenkamp

Comment expliquer le faible intérêt, dans la littérature sur l'économie sociale et solidaire, pour le genre et les théories féministes, alors que ces initiatives sont fortement genrées et que les femmes y sont surreprésentées ? À quelles conditions ces initiatives sont-elles une opportunité de réinvention de l'économie, réencastrée dans le social et le politique et au service de la justice sociale et de genre ? L'économie solidaire peut-elle constituer une source d'émancipation pour les femmes ou non ? (Articles en français, anglais, espagnol.)

(Coll. Genre et développement - Rencontres, 29.00 euros, 300 p.)

ISBN : 978-2-343-07602-7, ISBN EBOOK : 978-2-336-39514-2

CONVENTION COLLECTIVE NATIONALE DES ENTREPRISES DE SERVICES À LA PERSONNE ANNOTÉE

Dahan Alison, Granet Régis

La convention collective nationale des entreprises de services à la personne de septembre 2012, depuis son extension par arrêté du 3 avril 2014, a vocation à s'appliquer à toutes les entreprises privées relevant du secteur des services à la personne. Cet ouvrage accompagnera les entreprises, les salariés et praticiens dans l'application de la règlementation en vigueur grâce aux explications simples intégrées tout au long de l'ouvrage.

(Coll. Défis, 28.50 euros, 288 p.)

ISBN : 978-2-343-07910-3, ISBN EBOOK : 978-2-336-39684-2

L'HARMATTAN ITALIA
Via Degli Artisti 15; 10124 Torino
harmattan.italia@gmail.com

L'HARMATTAN HONGRIE
Könyvesbolt ; Kossuth L. u. 14-16
1053 Budapest

L'HARMATTAN KINSHASA
185, avenue Nyangwe
Commune de Lingwala
Kinshasa, R.D. Congo
(00243) 998697603 ou (00243) 999229662

L'HARMATTAN CONGO
67, av. E. P. Lumumba
Bât. – Congo Pharmacie (Bib. Nat.)
BP2874 Brazzaville
harmattan.congo@yahoo.fr

L'HARMATTAN GUINÉE
Almamya Rue KA 028, en face
du restaurant Le Cèdre
OKB agency BP 3470 Conakry
(00224) 657 20 85 08 / 664 28 91 96
harmattanguinee@yahoo.fr

L'HARMATTAN MALI
Rue 73, Porte 536, Niamakoro,
Cité Unicef, Bamako
Tél. 00 (223) 20205724 / +(223) 76378082
poudiougopaul@yahoo.fr
pp.harmattan@gmail.com

L'HARMATTAN CAMEROUN
TSINGA/FECAFOOT
BP 11486 Yaoundé
699198028/675441949
harmattancam@yahoo.com

L'HARMATTAN CÔTE D'IVOIRE
Résidence Karl / cité des arts
Abidjan-Cocody 03 BP 1588 Abidjan 03
(00225) 05 77 87 31
etien_nda@yahoo.fr

L'HARMATTAN BURKINA
Penou Achille Some
Ouagadougou
(+226) 70 26 88 27

L'HARMATTAN SÉNÉGAL
10 VDN en face Mermoz, après le pont de Fann
BP 45034 Dakar Fann
33 825 98 58 / 33 860 9858
senharmattan@gmail.com / senlibraire@gmail.com
www.harmattansenegal.com

Achevé d'imprimer par Corlet Numérique - 14110 Condé-sur-Noireau
N° d'Imprimeur : 135585 - Dépôt légal : janvier 2017 - *Imprimé en France*